# A reflexão e a prática no ensino

## 2

## Inglês

Blucher

# A reflexão e a prática no ensino

## 2

# Inglês

Márcio Rogério de Oliveira Cano
coordenador

*FERNANDA COELHO LIBERALI*
*organizadora*

*Coleção A reflexão e a prática no ensino* – Volume 2 – Inglês
MARCIO ROGÉRIO DE OLIVEIRA CANO (coordenador)
© 2012 FERNANDA LIBERALI (ORG.)
1ª reimpressão – 2014
Editora Edgard Blücher Ltda.

# Blucher

Rua Pedroso Alvarenga, 1245, 4º andar
04531-012 – São Paulo – SP – Brasil
Tel 55 11 3078-5366
**contato@blucher.com.br**
**www.blucher.com.br**

Segundo Novo Acordo Ortográfico, conforme 5. ed.
do *Vocabulário Ortográfico da Língua Portuguesa*,
Academia Brasileira de Letras, março de 2009.

É proibida a reprodução total ou parcial por quaisquer
meios, sem autorização escrita da Editora.

Todos os direitos reservados pela Editora
Edgard Blücher Ltda.

FICHA CATALOGRÁFICA

Liberali, Fernanda Coelho
　Inglês / Fernanda Coelho Liberali. – São Paulo:
Blucher, 2012. – (Série a reflexão e a prática
no ensino; v. 2 / coordenador Márcio Rogério
de Oliveira Cano)

ISBN 978-85-212-0647-7

1. Inglês 2. Inglês – Estudo e ensino
3. Prática de ensino I. Cano, Márcio Rogério
de Oliveira. II. Título. III. Série.

| 11-13126 | CDD-420.7 |
|---|---|

Índices para catálogo sistemático:
1. Inglês: Estudo e ensino 420.7

# Sobre os autores

## MÁRCIO ROGÉRIO DE OLIVEIRA CANO (COORD.)

Professor do curso de Letras do Departamento de Ciências Humanas da Universidade Federal de Lavras, é mestre e doutor pelo Programa de Estudos Pós-Graduados em Língua Portuguesa da Pontifícia Universidade Católica de São Paulo. Desenvolve pesquisas na área de Ensino de Língua Portuguesa e Análise do Discurso. Possui publicações e trabalhos apresentados na área, além de vasta experiência nos mais variados níveis de ensino. Também atua na formação de professores de Língua Portuguesa e de Leitura e produção de textos nas diversas áreas do conhecimento.

## FERNANDA COELHO LIBERALI

Possui graduação em Letras pela Universidade Federal do Rio de Janeiro, mestrado e doutorado em Linguística Aplicada e Estudos da Linguagem pela Pontifícia Universidade Católica de São Paulo. Atua como professora do Departamento de Inglês e do Programa de Estudos Pós-Graduados em Linguística Aplicada e Estudos da Linguagem da PUC -SP. De 2008 a 2011, foi a representante brasileira da International Society for Cultural and Activity Research (ISCAR). Atua como coordenadora geral do Programa de Extensão Ação Cidadã. É uma das líderes do Grupo de Pesquisa Linguagem em Atividade no Contexto Escolar e coordenadora do Grupo de Estudos sobre Educação Bilíngue (GEEB) e do Grupo de Estudos sobre Gestão (GREG). Em programas de extensão, ministra e coordena cursos sobre formação de educadores, gestão escolar, teorias de ensino-aprendizagem, leitura nas diferentes áreas do saber, multiculturalidade, ensino por meio de Atividades Sociais, argumentação e cidadania. Atua também como consultora e assessora para instituições públicas e privadas. Atualmente, desenvolve projeto de formação de gestores na Secretaria Municipal de Educação de São Paulo e nas Diretorias Regionais de Ensino da Freguesia do Ó/Brasilândia, Penha e Butantã. Sua pesquisa aborda questões sobre gestão escolar, formação contínua de educadores com foco na teoria da atividade, na formação crítica e na análise do discurso, com ênfase em argumentação. Possui livros, capítulos artigos publicados nacional e internacionalmente. Além disso, participa com apresentações de trabalhos e palestras convidadas em eventos nacionais e internacionais. É Bolsista de Produtividade em Pesquisa do CNPq - Nível 2.

### ALZIRA SHIMOURA

Possui graduação em Língua e Literatura Inglesas e Tradução Inglês–Português, além de mestrado e doutorado em Linguística Aplicada e Estudos da Linguagem pela Pontifícia Universidade Católica de São Paulo. Atualmente, é professora na Fundação Escola de Comércio Alvares Penteado, e professora da Cogeae da Pontifícia Universidade Católica de São Paulo. Tem experiência na área de Linguística Aplicada com ênfase em formação de professor, atuando principalmente nos seguintes temas: formação de professor e coordenador, reflexão crítica, gênero, ensino-aprendizagem e elaboração de material didático.

### GABRIELA BARBOSA DO AMARANTE

Possui graduação em Faculdade de Pedagogia pela Pontifícia Universidade Católica de São Paulo e é formada pela Aliança Francesa de São Paulo, escola onde concluiu seus estudos, obtendo o diploma da Universidade de Nancy III (1997) e o Dalf C2 (2007). Dedica-se, há 15 anos, ao ensino de/em francês como língua estrangeira e tem trabalhado, ao longo desses anos, também com a formação de professores e com a elaboração de material didático. É Mestre em Linguística Aplicada e Estudos da Linguagem pelo programa de pós-graduação do Lael da PUC São Paulo em 2010.

### JOSÉ CARLOS BARBOSA LOPES

É mestre em Linguística Aplicada e Estudos da Linguagem, pela Pontifícia Universidade Católica de São Paulo, e tem experiência, como professor de Inglês, em escolas públicas e particulares, no ensino fundamental e médio.

### ROSINDA DE CASTRO GUERRA RAMOS

É professora titular da Pontifícia Universidade Católica de São Paulo, onde atua no Programa de Pós-Graduação em Linguística Aplicada e Estudos da Linguagem e no Departamento de Inglês. Atua com Formação Reflexiva de Professores de Língua Estrangeira nos e para ambientes presencial e digital. Desenvolve material didático para contextos e ambientações diversas, além de coordenar e desenvolver material didático para os cursos de Leitura Instrumental da Cogeae.

### ANDREA VIEIRA MIRANDA ZINNI

É mestre em Linguística Aplicada pela Pontifícia Universidade Católica de São Paulo. Trabalhou como professora de Inglês nos diversos segmentos (educação infantil, Ensino Fundamental I e II, ensino médio, ensino superior) por 15 anos e atuou como formadora de professores de língua inglesa e orientadora de projetos de pesquisa no curso de Letras, em universidade particular de São Paulo, durante cinco anos. É coautora de materiais didáticos para o ensino de Inglês como língua estrangeira, com base na concepção das expectativas de aprendizagem (língua inglesa) da prefeitura de São Paulo. Integra a comissão selecionadora do Prêmio Educador Nota Dez, São Paulo, e presta assessoria, além de formação continuada de professores, a escolas particulares da cidade de São Paulo

### SARAH WEILER

É mestre em Ciências Sociais pela Universidade de Chicago, nos Estados Unidos. Trabalhou como professora de Inglês no Ensino Fundamental I e II, e no ensino médio por oito anos. É coautora de materiais didáticos para o ensino de Inglês como língua estrangeira, com base na concepção de Atividade Social e gênero. Hoje, trabalha como head teacher em escola bilíngue de São Paulo, elaborando o currículo de língua inglesa de Educação Infantil a Ensino Fundamental II, baseado em Atividade Social e gênero, além de participar da formação continuada para professores.

### MARIA CRISTINA MEANEY

É mestre em Linguística Aplicada pela Pontifícia Universidade Católica de São Paulo. Atua como autora de material didático de Inglês para escolas particulares regulares ou bilíngues.

### ANA PAULA RISÉRIO CORTEZ

É mestre em Linguística Aplicada, trabalha com ensino de Português para estrangeiros em escola internacional e realiza pesquisas nas áreas de educação bilíngue e formação de professores.

### WELLINGTON DE OLIVEIRA

É doutor em Linguística Aplicada e Estudos da Linguagem pela Pontifícia Universidade Católica de São Paulo. É, ainda, professor e diretor geral das Faculdades Integradas Coração de Jesus - Fainc/SP.

### SUELI SALLES FIDALGO

É professora Adjunta da Universidade Federal de São Paulo. Possui Licenciatura em Letras – Português/Inglês – pela Universidade Federal Fluminense, especialização em Tradução pela Universidade de São Paulo, mestrado e doutorado em Linguística Aplicada e Estudos da Linguagem pela Pontifícia Universidade Católica de São Paulo. Em 2009, concluiu o segundo período de pós-doutorado, pela PUC-SP, com foco na formação de professores para a inclusão de alunos com necessidades educativas especiais (NEE) e, atualmente, está desenvolvendo uma segunda pesquisa de pós-doutorado no Departamento de Linguística da Unicamp.

# Apresentação

*A experiência é o que nos passa, o que nos acontece, o que nos toca. Não o que se passa, não o que acontece, ou o que toca. A cada dia se passam muitas coisas, porém, ao mesmo tempo, quase nada nos acontece. Dir-se-ia que tudo o que se passa está organizado para que nada nos aconteça. Walter Benjamin, em um texto célebre, já observava a pobreza de experiências que caracteriza o nosso mundo. Nunca se passaram tantas coisas, mas a experiência é cada vez mais rara.*

*Jorge Larrosa Bondía, 2001,*
*I Seminário Internacional de Educação de Campinas.*

Esse trecho de uma conferência de Larrosa é emblemático dos nossos dias, da nossa sociedade do conhecimento ou da informação. Duas terminologias que se confundem muitas vezes, mas que também podem circular com conceitos bem diferentes. Vimos, muitas vezes, a sociedade do conhecimento representada como simples sociedade da informação. E não é isso que nos interessa. Em uma sociedade do conhecimento, podemos, por um lado, crer que todos vivam o conhecimento ou, por outro, que as pessoas saibam dele por meio de e como informação. Nunca tivemos tanto conhecimento e nunca tivemos tantas pessoas informadas e informando. Mas a experiência está sendo deixada de lado.

O grande arsenal tecnológico de memorização e registro em vez de tornar as experiências do indivíduo mais plenas, tem esvaziado a experiência, já que todos vivem a experiência do outro, que vive a experiência do outro, que vive a experiência do outro... Quando não tínhamos muito acesso aos registros da história, era como se vivêssemos o acontecimento sempre pela primeira vez. Hoje, parece que tudo foi vivido e está registrado em algum lugar para que possamos seguir um roteiro. Isso é paradoxal.

No entanto, não compactuamos com uma visão pessimista de que tudo está perdido ou de que haja uma previsão extremamente desanimadora para o futuro, mas que, de posse do registro e do conhecimento, podemos formar pessoas em situações de experiências cada vez mais plenas e indivíduos cada vez mais completos. E parece-nos que a escola pode ser um lugar privilegiado para isso. Uma escola dentro de uma sociedade do conhecimento não deve passar informações, isso os alunos já adquirem em vários lugares, mas sim viver a informação, o conhecimento como experiência única, individual e coletiva.

Tendo a experiência como um dos pilares é que essa coleção foi pensada. Como conversar com o professor fazendo-o não ter acesso apenas às informações, mas às formas de experienciar essas informações juntamente com seus alunos? A proposta deste livro é partir de uma reflexão teórica sobre temas atuais nas diversas áreas do ensino, mostrando exemplos, relatos e propondo formas de tornar isso possível em sala de aula. É nesse sentido que vai nossa contribuição. Não mais um livro teórico, não mais um livro didático, mas um livro que fique no espaço intermediário dessas experiências.

Pensando nisso como base e ponto de partida, acreditamos que tal proposta só possa acontecer no espaço do pensamento interdisciplinar e transdisciplinar. Tal exercício é muito difícil, em virtude das condições históricas em que o ensino se enraizou: um modelo racionalista disciplinar em um tempo tido como produtivo. Por isso, nas páginas desta coleção, o professor encontrará uma postura interdisciplinar, em que o tema será tratado pela perspectiva de uma área do conhecimento, mas trazendo para o seu interior pressupostos, conceitos e metodologias de outras áreas. E também encontrará perspectivas transdisciplinares, em que o tema será tratado na sua essência, o que exige ir entre, por meio e além do que a disciplina permite, entendendo a complexidade inerente aos fenômenos da vida e do pensamento.

Sabemos, antes, que um trabalho inter e transdisciplinar não é um roteiro ou um treinamento possível, mas uma postura de indivíduo. Não teremos um trabalho nessa perspectiva, se não tivermos um sujeito inter ou transdisciplinar. Por isso, acima de tudo, isso é uma experiência a ser vivida.

Nossa coleção tem como foco os professores do Ensino Fundamental do Ciclo II. São nove livros das diversas áreas que normalmente concorrem no interior do espaço escolar. Os temas tratados são aqueles, chave para o ensino, orientados pelos documentos oficiais dos parâmetros de educação e que estão presentes nas pesquisas de ponta feitas nas grandes universidades. Para compor o grupo de trabalho, convidamos professoras e professores de cursos de pós-graduação, juntamente com seus orientandos e orientandas de doutorado e de mestrado e com larga experiência no ensino regular. Dessa forma, acreditamos ter finalizado um trabalho que pode ser usado como um parâmetro para que o professor leia, possa se orientar, podendo retomá-lo sempre que necessário, juntamente com outros recursos utilizados no seu dia a dia.

*Márcio Rogério de Oliveira Cano*
*Coordenador da coleção*

# Prefácio

O livro que apresentamos traz artigos de professores-pesquisadores das áreas de formação de educadores, ensino de línguas, ensino-aprendizagem no quadro sócio-histórico-cultural, todos com forte base na Linguística Aplicada.

O Capítulo 1, "Atividade Social como base para o ensino de língua estrangeira", escrito por Liberali, é introdutório às questões que permeiam a maior parte das discussões apresentadas. Serve de base para a compreensão de ensino-aprendizagem de linguagem, pautado por um foco nas Atividades Sociais em que os sujeitos podem se engajar em diferentes esferas de circulação.

O Capítulo 2, "Ensino-aprendizagem de língua estrangeira para crianças", escrito por Alzira Shimoura, aborda questões de ensino-aprendizagem de línguas com crianças e focaliza aspectos essenciais a serem considerados ao tratar o universo infanto-juvenil.

O Capítulo 3, "Ensino-aprendizagem de língua estrangeira para adolescentes", escrito por Gabriela Barbosa Amarante, trata do universo dos adolescentes e do modo como o ensino-aprendizagem pode acontecer com essa faixa etária, focalizando as performances como importantes estratégias para o desenvolvimento afeto-cognitivo dos alunos.

O Capítulo 4, "Ensino-aprendizagem de língua estrangeira para alunos com necessidades especiais", escrito por José Carlos Barbosa Lopes, aborda questões essenciais ao ensino-aprendizagem de línguas em contextos de inclusão de alunos com necessidades especiais.

O Capítulo 5, "Compreensão escrita em língua estrangeira", escrito por Rosinda de Castro Guerra Ramos, trata das questões de leitura no ensino-aprendizagem de língua estrangeira.

O Capítulo 6, "Produção oral e performance: uma forma de aprender novas formas de pensar e agir no mundo", por Andrea Vieira Miranda Zinni e Sarah Weiler, trata do ensino da oralidade, sua interface com o trabalho com as demais habilidades e com a performance.

O Capítulo 7, "Trabalhando o contexto de produção, organização textual e aspectos linguísticos em língua estrangeira", por Maria Cristina Meaney, trata dos diferentes folheados do gênero, abordados no ensino-aprendizagem, com foco em Atividades Sociais.

O Capítulo 8, "Integração de áreas e língua estrangeira", escrito por Ana Paula Risério Cortez, trata o ensino-aprendizagem de língua estrangeira no conjunto das demais áreas curriculares, apontando a necessária integração e quebra com a compartimentalização dos conhecimentos.

O Capítulo 9, "Ensino-aprendizagem de língua estrangeira e mediação tecnológica: professores e alunos em relação constitutiva com os gêneros digitais", escrito por Wellington de Oliveira, discute o papel da mediação tecnológica e suas várias facetas em sala de aula de língua estrangeira.

Finalmente, o Capítulo 10, "Avaliação em língua estrangeira", escrito por Sueli Salles Fidalgo, aborda a questão da avaliação e apresenta modos de trabalhar com o tema no ensino-aprendizagem de língua estrangeira.

# Conteúdo

**1.** ATIVIDADE SOCIAL COMO BASE PARA O ENSINO DE LÍNGUA ESTRANGEIRA (Fernanda Coelho Liberali) ................................................................... 21

1.1 Atividade Social e ensino de LE ................................................. 22

1.2 Para trabalhar com Atividades Sociais ..................................... 25

1.3 Para preparar as unidades ou propostas com Atividades Sociais ...................... 30

1.4 Para finalizar ............................................................... 33

1.5 Sugestões de leitura ......................................................... 33

1.6 Referências bibliográficas ................................................... 34

**2.** ENSINO-APRENDIZAGEM DE LÍNGUA ESTRANGEIRA PARA CRIANÇAS (Alzira da Silva Shimoura) ................................................................... 37

2.1 Trabalhando com histórias infantis .......................................... 41

2.2 Preparando uma história para ser lida ou contada ............................ 48

2.3 Trabalhando com histórias completas ......................................... 50

2.4 Para finalizar ............................................................... 52

2.5 Sugestões de leitura ......................................................... 53

2.6 Referências bibliográficas ................................................... 53

**3.** ENSINO-APRENDIZAGEM DE LÍNGUA ESTRANGEIRA PARA ADOLESCENTES (Gabriela Barbosa do Amarante) ...................................................... 57

3.1 Conhecendo o público ......................................................... 57

3.2 Exemplificando a prática ..................................................... 59

3.3 Sugerindo ideias ............................................................. 63

3.4 Para finalizar ............................................................... 65

3.5 Sugestões de leitura ......................................................... 66

3.6 Referências bibliográficas ................................................... 66

**4.** ENSINO-APRENDIZAGEM DE LÍNGUA ESTRANGEIRA PARA ALUNOS COM NECESSIDADES ESPECIAIS (José Carlos Barbosa Lopes)..................................................................................................................69

4.1 Alunos com necessidades especiais: breves considerações..........................................71

4.2 Por que o ensino-aprendizagem de LE para alunos com necessidades especiais? .....................72

4.3 Proposta: ensino-aprendizagem de inglês para alunos surdos........................................73

4.4 Para finalizar..........................................................................................................80

4.5 Sugestões de leitura ...............................................................................................80

4.6 Referências bibliográficas........................................................................................81

**5.** COMPREENSÃO ESCRITA EM LÍNGUA ESTRANGEIRA (Rosinda de Castro Guerra Ramos) ................83

5.1 O que é compreensão escrita?..................................................................................84

5.2 Abordando a compreensão escrita............................................................................87

5.3 O que há de novo no ensino de compreensão escrita em língua estrangeira.................91

5.4 Para finalizar..........................................................................................................94

5.5 Sugestões de leitura ...............................................................................................95

5.6 Referências bibiliográficas........................................................................................95

**6.** PRODUÇÃO ORAL E PERFORMANCE: UMA FORMA DE APRENDER NOVAS FORMAS DE PENSAR E AGIR NO MUNDO (Andrea Vieira Miranda-Zinni & Sarah Weiler) .....................................................97

6.1 Como desenvolver ensino-aprendizagem de produção oral? .......................................100

6.2 Performance ...........................................................................................................102

6.3 Performance de Atividade Social "visitar ao museu": construindo repertório....................104

6.4 Performance de Atividade Social "visitar ao museu": "unscripted" performance ...........105

6.5 Performance de Atividade Social "visitar ao museu": brincadeira regrada ....................106

6.6 Performance de Atividade Social "visitar ao museu": "unscripted" performance – trabalho em grupo ......................................................................................................................108

6.7 Performance de Atividade Social "visitar ao museu": "scripted" performance – apresentações orais acadêmicas .............................................................................................................109

6.8 Performance de Atividade Social "visitar ao museu": objetivos....................................109

6.9 Para finalizar..........................................................................................................110

6.10 Sugestões de leitura ..............................................................................................111

6.11 Referências bibliográficas.......................................................................................112

**7.** TRABALHANDO O CONTEXTO DE PRODUÇÃO, ORGANIZAÇÃO TEXTUAL E ASPECTOS LINGUÍSTICOS EM LÍNGUA ESTRANGEIRA (Maria Cristina Meaney) ........................................................................114

7.1 Trabalhando com o contexto de produção..................................................................117

7.2 Analisando a organização textual .............................................................................121

7.3 Analisando aspectos linguísticos .................................................................................... 122

7.4 Para finalizar ................................................................................................................. 124

7.5 Sugestões de leitura ....................................................................................................... 125

7.6 Referências bibliográficas ............................................................................................. 125


**8.** INTEGRAÇÃO DE ÁREAS E LÍNGUA ESTRANGEIRA (Ana Paula Barbosa Risério Cortez) ........... 127

8.1 Conectando a língua estrangeira às outras matérias escolares ........................................ 129

8.2 Organizando uma sequência didática com currículo integrado ...................................... 132

8.3 Para finalizar ................................................................................................................. 137

8.4 Sugestões de leitura ....................................................................................................... 137

8.5 Referências bibliográficas ............................................................................................. 138

Anexo 8.1 ............................................................................................................................ 140

Anexo 8.2 ............................................................................................................................ 141

Anexo 8.3 ............................................................................................................................ 142


**9.** ENSINO-APRENDIZAGEM DE LÍNGUA ESTRANGEIRA E MEDIAÇÃO TECNOLÓGICA: PROFESSORES E ALUNOS EM RELAÇÃO CONSTITUTIVA COM OS GÊNEROS DIGITAIS (Wellington de Oliveira) ................................. 143

9.1 A tecnologia no contexto do ensino de inglês ............................................................... 144

9.2 A utilização das ferramentas tecnológicas nas aulas de língua inglesa: pensando sequências didáticas a partir dos gêneros digitais .......................................................................................................................... 149

9.3 Vamos praticar os gêneros digitais em aulas de língua inglesa? ..................................... 151

9.4 Para finalizar ................................................................................................................. 153

9.5 Sugestões de leitura ....................................................................................................... 154

9.6 Referências bibliográficas ............................................................................................. 155


**10.** AVALIAÇÃO EM LÍNGUA ESTRANGEIRA (Sueli Salles Fidalgo) ....................................... 157

10.1 Diferentes momentos levam a diferentes visões ........................................................... 158

10.2 A avaliação como prática social ................................................................................... 160

10.3 Exemplos de instrumentos e práticas avaliativas em língua inglesa ............................. 162

10.4 Para finalizar ............................................................................................................... 170

10.5 Sugestões de leitura ..................................................................................................... 170

10.6 Referências bibliográficas ........................................................................................... 171

# 1

# Atividade Social como base para o ensino de língua estrangeira

*Fernanda Coelho Liberali*

Fazer compras, assistir a filmes, pesquisar na Internet, estudar, ler jornal, conhecer novas pessoas, participar de chat, criar página de Facebook – essas e tantas outras são Atividades Sociais da vida de alunos, professores, pais, diretores, dentre tantos outros sujeitos. Nessas atividades, os sujeitos compõem o que são, tornam-se novos projetos de si mesmos com outros presenciais, distantes ou virtuais. Nessas atividades, criam história e cultura e permitem a geração de novas atividades e modos de ser, pensar e agir. Nessas atividades, os sujeitos produzem sua identidade e transformam suas vidas. Como esses sujeitos aprendem e se tornam plenos participantes dessas Atividades Sociais? Como o espaço escolar nos constitui como agentes ativos em cada uma delas, com potencial de experimentação, criação e transformação das formas de ser, agir e pensar na "vida que se vive" (MARX; ENGELS, 1845-1846/ 2006, 26)?

> **ATENÇÃO**
>
> *Atividades Sociais, atividade didática, tarefas: a opção por denominar de tarefas as ações didáticas realizadas em sala de aula é feita para evitar a constante confusão entre os conceitos de Atividade Social e de atividade didática, normalmente utilizados por educadores.*

A escola tem função essencial na constituição de indivíduos que atuem plenamente na sociedade da qual façam parte e possam aspirar a formas cada vez mais plenas de atuação no mundo.

Assim, a escola tem papel central na formação do indivíduo para a vida. Brincar é a base para que as crianças se apropriem de sua cultura e possam ultrapassar seus limites. Ao brincar, as crianças vão além de quem são, por meio de sua imaginação. Ao mesmo tempo, colocam restrições ao seu modo de atuar por meio de regras e convenções que criam para recriar possibilidades de realidade, de forma imaginada. A escola precisa se tornar o espaço do brincar que atua na constituição dos indivíduos. Nesse sentido, as crianças aprendem e brincar se intercalam em uma dialética de formação para a vida e para a cultura.

Trabalhar com Atividades Sociais no ensino de língua estrangeira (LE) permite esse brincar na escola. Por meio da retomada, dentro dos muros da escola, da vida que se vive fora e dentro dela, cria-se a possibilidade de superação e transformação do presente–futuro das crianças e adolescentes. Assim, ensinar se transforma em criar condições para o brincar e o aprender, torna-se um meio de descobrir e utilizar as regras e a imaginação para ir além do que se pode no momento.

Como explica Holzman sobre o brincar (performance):

> *(...) conseguimos ir além de nós mesmos, para a criação de novas experiências, novas habilidades, novas capacidades intelectuais, novas relações, novos interesses, novas emoções, novas esperanças, novas metas, novas formas de comunidade – de certa forma, uma nova cultura (Tradução do original: "(...) is how we can go beyond ourselves to create new experiences, new skills, new intellectual capacities, new relationships, new interests, new emotions, new hopes, new goals, new forms of community — in short, a new culture.") (HOLZMAN, 2008).*

O ensino com base em Atividades Sociais parte das necessidades de participação em determinadas esferas da vida e focaliza sua satisfação por meio do trabalho escolar. As Atividades Sociais agem como elementos estruturantes e permitem o desenvolvimento de um processo de ensino-aprendizagem para a inclusão social em diferentes âmbitos da vida humana.

## 1.1 ATIVIDADE SOCIAL E ENSINO DE LE

O ensino de LE tem tido influências de abordagens de linguagem, de ensino-aprendizagem, de concepções de sujeito, dentre outras.

*Capítulo 1*  Atividade Social como base para o ensino de língua estrangeira  **23**

- **Ensino-aprendizagem normativo**: ensino de estruturas em isolado, a partir de exercícios mecânicos para reforçar estruturas. (Por exemplo: complete as frases com o tempo verbal apropriado.)

- **Ensino-aprendizagem de funções**: ensino da forma–função em sua relação com os diferentes expoentes por meio da criação de pequenas situações para a prática da função. (Por exemplo: converse com o colega ao lado e pergunte seu nome, telefone e endereço.)

- **Ensino-aprendizagem de tipos de textos**: ensino da forma global do texto (super, macro, microestruturas; coesão; coerência etc.), com generalização de propriedades globais dos conjuntos de textos e abstração das circunstâncias ou da situação de produção e de compreensão desses textos. (Por exemplo: descreva seu melhor amigo; disserte sobre os problemas do aborto.)

- **Ensino-aprendizagem de estratégias**: ensino de estratégias voltadas para fins específicos, com ênfase no desenvolvimento e na discussão dos processos cognitivos. (Por exemplo: olhe as imagens e descubra sobre o que as pessoas estão falando. Explique como chegou a essa conclusão.)

- **Ensino-aprendizagem temático**: ensino de estratégias para compreensão e produção, com ênfase na discussão desses temas, com alguma atenção aos aspectos linguístico–discursivos dos textos em foco. (Por exemplo: qual o tema central desse texto? Qual a sua opinião sobre XX? Quais as propostas do autor sobre o problema? O que acha?)

- **Ensino-aprendizagem do gênero**: enfoque no texto – como seu funcionamento e seu contexto de produção/compreensão – considerando o funcionamento social e contextual dos gêneros e o trabalho com gêneros orais e escritos. (Por exemplo: você é um jornalista do XX, escreva uma reportagem sobre o tema XX.)

Considerar o ensino de LE por meio de Atividades Sociais implica estruturar a matriz curricular a partir de esferas em que os sujeitos circulam e dos anseios de participação social que têm. Considerando que essa participação o identificará como um cidadão do mundo, que atua em contexto mediados por uma língua que não a sua língua materna, o ensino de LE por meio da Atividades Sociais cria uma espaço de imitação do real não próximo para torná-lo mais acessível e possível de experimentar.

> Atividades Sociais: atividades em que os sujeitos estão em interação com outros em contextos culturais determinados e historicamente dependentes - a "Vida que se vive" (MARX; ENGELS, 1845-1846/ 2006, p. 26).

**Esferas de circulação:** domínios de produção discursiva ou de atividade humana que se organizam por meio de um conjunto de gêneros específicos; espaço-tempo em que circulam gêneros, agentes com papéis sociais determinados, com diversidade de interesses e de perspectivas, e com características dos suportes em que os textos são veiculados (BAKHTIN, 1953).

Essas esferas se organizam por meio de variadas Atividades Sociais, organizadas por um conjunto de ações mobilizadas por um grupo para alcançar um determinado motivo/objeto. Essas atividades satisfazem necessidades dos sujeitos na vida que se vive (LEONTIEV, 1977) e tem como componentes essenciais: sujeitos, artefatos, objetos, comunidade, regras e divisão de trabalho.

*Quadro 1.1 – Componentes da atividade*

| | |
|---|---|
| Sujeitos | Aqueles que agem em relação ao motivo/objeto e realizam a atividade por meio de divisão de trabalho e das regras. |
| Comunidade | Aqueles que compartilham o objeto da atividade. |
| Divisão do de trabalho | Tarefas e funções de cada um dos sujeitos envolvidos na atividade. |
| Objeto | Aquilo que satisfará a necessidade – o objeto desejado. Objeto em sua dinâmica: idealizado, sonhado, desejado, produto |
| Regras | Normas explícitas ou implícitas na comunidade. |
| Artefatos/ instrumentos/ ferramentas | Meios de modificar a natureza para alcançar o objeto idealizado, revelam a decisão tomada pelo sujeito: usados para o alcance de fim predefinido (instrumento–para–resultado) ou constituído no processo da atividade (instrumento–e–resultado) (NEWMAN; HOLZMAN, 1993/2002) |

*Fonte: Liberali, 2009, 12.*

**Gêneros:** formas relativamente estáveis tomadas pelos enunciados em situações habituais, caracterizadas pelo conteúdo temático, pela estrutura composicional e pelo estilo. Sua escolha é determinada por: esfera, necessidade da temática, conjunto dos participantes e vontade enunciativa ou intenção do locutor (BAKHTIN, 1953/1979).

**Sistema de gêneros:** gêneros inter-relacionados que interagem uns com os outros em determinado contexto (BAZERMAN, 1994).

Essas atividades de diferentes esferas de circulação humana são constituídas por gêneros diversos que fundam a possibilidade de ação com o outro. Nesse sentido, seu ensino se transforma em formas para produzir, compreender, interpretar, memorizar um conjunto de gêneros necessários à efetiva participação em atividades da vida que se vive.

Os gêneros que circulam em determinada atividade criam um sistema responsável pela formação, transformação e manutenção dessa atividade. Estão profundamente envolvidos na produção dos objetos dessa atividade. Segundo Russel (2009), os novatos em uma atividade precisam perceber e tentar seguir o modo como os mais experientes vivem esses gêneros, pois isso facilita sua participação, improvisação e inovação. Em cada atividade, alguns gêneros são mais essenciais do que outros, mas todos demandam reconhecimento e possibilidade de realização por parte dos sujeitos integrantes da atividade.

Capítulo 1 Atividade Social como base para o ensino de língua estrangeira **25**

No trabalho com Atividades Sociais para o ensino de LE, os gêneros são reconhecidos pelos alunos e trabalhados na medida de sua importância para a apropriação, pelos alunos, do modo de participação na Atividade Social. Nos gêneros considerados como focais, um trabalho mais detalhado sobre os aspectos enunciativos, discursivos e linguísticos mobilizados na produção e compreensão desses gêneros torna-se essencial.

> **Gêneros focais:** estão no centro da atividade e são essenciais à efetiva participação dos interlocutores nas ações.

## 1.2 PARA TRABALHAR COM ATIVIDADES SOCIAIS

A organização da matriz curricular, considerando as Atividades Sociais que compõem ou poderão vir a fazer parte da vida dos alunos precisa levar em consideração a vida da cultura em sua língua materna e a possibilidade de expansão de sua base de compreensão e atuação no mundo, por meio de diferentes culturas, a partir de outra língua.

> **Gêneros orbitais:** são necessários à participação nas Atividades Sociais, porém não indispensáveis (DAVID, 2010).

Alguns pontos precisam ser considerados:

- Definição das esferas de circulação que serão abordadas

- Escolha das Atividades Sociais mais relevantes

- Descrição dos componentes de cada Atividade Social

- Relação dos gêneros focais e orbitais que compõem o sistema de gêneros da Atividade Social

- Definição das expectativas de aprendizagem, levando em conta os aspectos enunciativos, discursivos e linguísticos

- Consideração de valores, eixos temáticos, projetos conjuntos ou integrados da escola

> **Aspectos discursivos:** estão relacionados ao modo de planificação do texto e às formas organizativas predominantes, de acordo com o objetivo da ação em foco. Permite organizar o discurso para alcançar o objetivo enunciativo dentro do contexto específico em que está situado.

> **Aspectos linguísticos:** estão relacionados aos diferentes mecanismos que estruturam o material verbal: mecanismos conversacionais, verbo-temporais, lexicais, de distribuição de voz, de proferição, de coesão nominal, de valoração, de conexão, de pontuação, dentre outros.

A escolha cuidadosa de Atividades Sociais de diferentes esferas de circulação precisa levar em conta consultas aos alunos, pais, pesquisas sobre culturas várias, para que essa trajetória seja estabelecida.

Algumas esferas e suas Atividades Sociais poderiam ser definidas da seguinte forma:

*Tabela 1*

| Cotidiana | Brincar, fazer amigos, visitar um amigo, ir ao cinema |
|---|---|
| Acadêmica | Pesquisar na Internet, participar de feira de ciências |
| Jornalística | Ler jornal, organizar revista juvenil |
| Literária | Ouvir música, fazer teatro, participar de clube de leitura |

Essas atividades podem ser dispostas ao longo dos anos, considerando quatro bimestres, como no exemplo:

*Tabela 2*

| 6º ano | 7º ano | 8º ano | 9º ano |
|---|---|---|---|
| Iniciar e conhecer a nova escola/fazer amigos | Fazer passeios (museu, parque, centros de ciências, zoológico, circo...) | Comer fora | Conhecer outras culturas (Viajar pela Internet |
| Ir ao médico | Fazer compras | Curtir música e literatura | Discutir problemas com amigos |
| Brincar (na Internet) | Ler revista juvenil | Pesquisar na escola | Assistir a filmes |
| Celebrar festas | Fazer campanha | Acompanhar notícias do mundo | Fazer programa de retrospectiva |

Após definir as Atividades Sociais a serem trabalhadas, faz-se a descrição de seus componentes. Considerando os instrumentos de cada uma dessas Atividades Sociais, parte-se para a definição dos gêneros que compõem o sistema de gêneros que as organizam. Por exemplo:

ATIVIDADE SOCIAL: IR AO ZOOLÓGICO COM A ESCOLA

*Tabela 3*

| | |
|---|---|
| Sujeitos | Professores, alunos, coordenadores, auxiliares, segurança; expositores, biólogo, veterinário, guias |
| Comunidade | Outros visitantes, vigilantes/guardas, serviço de limpeza, cuidadores, pais |
| Objeto | Estudar os animais, hábitos, alimentação, habitat, habilidad descrição física, classificação |
| Instrumentos: gêneros | **Orais**: apresentação dos animais; conversas informais sobre os animais; relatos sobre passeio<br>**Escritos**: placas, textos em sites de zoológicos, artigos de divulgação sobre animais, verbetes enciclopédicos sobre animais, notícias sobre animais |

| | |
|---|---|
| Instrumentos: conhecimento das áreas | Conhecimentos científicos sobre animais, hábitos, alimentação, habitat, habilidades, descrição física, classificação, espécies em extinção; leitura de mapas, comparação entre espaços como zoológico e florestas e matas |
| Divisão do trabalho – definição dos responsáveis por: | Ir de ônibus para o zoo; escolher o trajeto (olhar mapa); observar os animais; ler sobre informações sobre animais; participar de exposição oral sobre animais; alimentar animais com guia; tomar lanche; conversar sobre os animais; fotografar os animais; descrever os animais para os colegas na volta; cantar músicas sobre passeio de ônibus |
| Regras | Andar em grupo; usar uniforme completo; cuidar do material; realizar as propostas/tarefas; ouvir o monitor; usar cinto no ônibus; não colocar cabeça/braço para fora; não levar comida/celular; não tocar nos animais; não alimentar os animais; seguir as regras sociais do zoo; não jogar lixo no chão; respeitar os combinados. |

Outros exemplos de sistemas de gêneros em Atividades Sociais:

*Tabela 4*

| | |
|---|---|
| **Atividade Social**: ir ao cinema | **Sistema de gêneros**: conversa para combinar ida ao cinema; resenha crítica; programação de cinema; conversa para a compra de ingressos; conversas para a compra de alimentos; conversa sobre o filme assistido, filme |
| **Atividades Sociais**: planejar uma festa de formatura e produzir um vídeo de retrospectiva anual | **Sistema de gêneros**: conversa para planejar a festa de formatura; lista de tarefas; convite; pôster; vídeo de retrospectiva anual (Top Ten), perfil dos professores; perfil dos alunos, conversas para receber convidados |

Após a definição dos gêneros que serão focais para trabalho com os alunos, é preciso considerar as expectativas de aprendizagem que serão traçadas para cada gênero, levando em conta os aspectos enunciativos, discursivos e linguísticos, como no quadro a seguir.

*Série* A reflexão e a prática do ensino

*Tabela 5*

| Gênero: webpage de uma agência de viagem | • Reconhecer uma webpage de uma agência de viagem (ou um guia de viagem) |
|---|---|
| | • Reconhecer as razões para ler uma webpage de uma agência de viagem (ou um guia de viagem) |
| | • Reconhecer leitores mais prováveis |
| | • Localizar informações explícitas: autor, local, data, objetivo, títulos, subtítulos |
| | • Localizar o índice e informações desejadas |
| | • Identificar elementos da estrutura composicional de uma webpage de uma agência de viagem (ou um guia de viagem): a organização de suas partes e localização das informações desejadas |
| | • Reconhecer vocabulário específico para esse tipo de texto |
| | • Escolher o local para onde viajar |
| | • Identificar elementos da estrutura composicional de uma webpage de uma agência de viagem (ou um guia de viagem): sequência da apresentação das informações e características argumentativas |
| | • Reconhecer adjetivos usados para descrever as cidades e pontos turísticos a serem visitados |
| | • Reconhecer e usar argumentos para convencer sobre a escolha feita |
| | • Identificar e usar tempos verbais: simple present, simple past, present perfect, future |
| | • Identificar e usar adjetivos para descrever as atrações, hotéis, clima |
| | • Identificar e usar verbos para descrever as atividades passadas |
| | • Usar adjetivos para descrever sentimentos, lugares, e pessoas |
| | • Usar vocabulário de viagem, para reservar hotel e transporte |

| | |
|---|---|
| **Gênero**: relatos de viagem | • Reconhecer a finalidade do relato de viagem |
| | • Descrever preferências |
| | • Apresentar escolhas e sustentar a sua opinião |
| | • Descrever atividades passadas (memórias da viagem realizada) |
| | • Descrever atividades futuras |
| | • Emitir opiniões elogiosas |
| | • Fazer recomendações e sugestões |
| | • Expressar sentimentos com relação à viagem |
| | • Identificar elementos da estrutura composicional do relato: estrutura descritiva de ações e descritivas |
| | • Expandir o conhecimento acerca de conectivos para manutenção de coerência e coesão do texto |
| | • Identificar e usar tempos verbais: simple present, simple past, present perfect |
| | • Identificar e usar adjetivos para descrever as atrações, hotéis, clima, lugares, pessoas e sentimentos |
| | • Identificar e usar verbos para descrever as atividades passadas |
| | • Usar vocabulário de viagem, para reservar hotel e transporte |

Todo o trabalho realizado na organização da matriz curricular leva em conta os valores, eixos temáticos, projetos integrados que as escolas desejam desenvolver com os alunos no ano. Essas Atividades Sociais servem de palco para a formação crítica dos alunos uma vez que, ao participar delas, precisam considerar os papéis que assumem, suas implicações e motivações para cada forma de atuar. Nesse sentido, têm a oportunidade não só de discutir esses valores, eixos ou temas de projetos, mas também de vivenciá-los por meio de atuações quase reais dessas Atividades Sociais.

## 1.3 PARA PREPARAR AS UNIDADES OU PROPOSTAS COM ATIVIDADES SOCIAIS

O trabalho com Atividades Sociais pressupõe cuidados planejamento, levando em conta:

- Determinar a Atividade Social;
- Definir a eixo temático ou ideia guia: os valores a serem desenvolvidos transversalmente;
- Delimitar o trabalho integrado;
- Definir as expectativas;
- Desenvolver os procedimentos metodológicos;
- Definir modos de avaliação.

### DETERMINAR A ATIVIDADE SOCIAL

A definição das Atividades Sociais precisa ser uma decisão que leve em conta o universo de vida dos alunos e de sua comunidade, porém precisa também e fundamentalmente abrir espaço para possibilidades consideradas distantes de suas vidas. A proposta é que os alunos tenham a oportunidade de brincar com atividades da vida que estão próximas de sua experiência, mas que possam também experimentar com o sonho. Essa experimentação precisa ser feita de forma cuidadosa para que o aluno possa ver esse trabalho como uma proposta de ir além do que já pode realizar e criar expectativas e não como algo que nunca poderá vivenciar. Não há como predizer o futuro dos alunos e sonhar está na base de criar possibilidade de extrapolação. O brincar ensina os meios de realização.

### DEFINIR A EIXO TEMÁTICO OU IDEIA GUIA

A vida coloca uma série de desafios aos sujeitos no seu dia a dia. Trabalhar com valores serve à reflexão constante sobre esses desafios e chamadas à tomada de posicionamento. A proposta não é assumir uma postura dogmática em que as regras sociais são abordadas como verdades absolutas, mas criar o espaço para que no brincar com as atividades da vida real, os alunos tenham oportunidade de viver papéis e questionar e refletir sobre valores. Além da discussão sobre os valores que atravessam essas atividades, os alunos podem construir propostas de modos de participação efetiva para si. Por exemplo, ao trabalhar a atividade "ir ao médico", poderão não apenas falar sobre questões de saúde como poderão viver papéis e fazer questionamentos durante a performance de participar de uma consulta, levantando questionamentos para o médico, considerando tipos de medicina alternativos, dentre outros.

### DELIMITAR O TRABALHO INTEGRADO

Considerando que o ensino de LE não acontece isoladamente dentro da escola e que as Atividades Sociais pressupõem conhecimentos vários como base para a efetiva atuação dos sujeitos, criar conexões com diferentes áreas permite a superação dos muros entre as áreas para um pensar dirigido à vida que se vive.

### DEFINIR AS EXPECTATIVAS

Tendo por base as necessidades coletivas e individuais de aprendizagem e de participação efetiva na sociedade, são traçadas expectativas que levam em conta os diferentes processos a serem desenvolvidos pelos alunos. Nesse sentido, as expectativas são organizadas a partir do foco que priorizam e ajudam a pensar nas propostas didáticas a serem feitas. Assim, levam-se em consideração processos que focalizam recuperação/identificação/reprodução; interpretação/análise/explicação, e/ou reflexão/avaliação/aplicação.

### DESENVOLVER OS PROCEDIMENTOS METODOLÓGICOS

Para pensar em como desenvolver as tarefas para o trabalho com ensino de LE por meio de Atividades Sociais, é preciso considerar alguns pontos centrais: o duplo movimento, com foco na constituição de Zonas de Desenvolvimento Proximal (ZPD), o ensino-aprendizagem por meio de discussão; o lugar da performance e os tipos de tarefas sugeridas.

Trabalhar com o duplo movimento na sala de aula pressupõe estabelecer conexões entre conceitos cotidianos/espontâneos e conceitos científicos, considerar que o conhecimento seja visto como contextualizado e ensinado de acordo com as necessidades dos alunos, interesses e questões sócio-histórico-culturais (VYGOTSKY, 1934). Para isso, é preciso considerar que o planejamento do professor parte do geral **em direção ao** específico da vida dos alunos e o aprender age a partir da investigação concreta/contextualizada **em direção ao** conceito geral/abstrato/científico.

É nesse sentido que se constituem ZPD, ou seja, a "distância" entre ser e tornar-se, sempre emergente e em constante mudança. Na construção de ZPDs, os sujeitos fazem coisas que ainda não dominam como fazer; vão além de si mesmos (HOLZMAN, 2002).

Esse processo parece ocorrer a partir de espaços em que alunos e professores têm a discussão argumentativa como base para o debate e produção de novas formas de conhecer. Cria-se, assim, um ambiente argumentativo em que todos têm de apresentar suporte às ideias colocadas e precisam dar razões e justificar as visões apresentadas, como modos de enfrentar e resolver conflitos e chegar a acordos.

Além disso, o trabalho também focaliza a criação de espaços de **brincar**, que, segundo Vygotsky (1930/1998), implicam considerar a forma como os sujeitos, principalmente, **participam** e **se apropriam** da cultura de um determinado grupo social. Tem-se, com isso, um foco em oferecer meios de **experimentar, cognitivo-afetivamente**, as **vivências** do mundo real de forma **imaginária**. Ou seja, organizam-se espaços em que o brincar na forma de performance, com roteiro ou improvisada, (HOLZMAN, 2009) permite aos alunos trabalhar a imaginação como libertadora de suas potencialidades de pensar o mundo e as regras como meios que os restringem e permitem se apropriar de formas de ser com os demais.

Para que isso seja viabilizado, alguns tipos de tarefas podem ser propostas (com base em LERNER, 2002):

- **Projetos**: vivência da responsabilidade real sobre o desenvolvimento de um determinado tema ou ação social a partir de seu trabalho com determinado aspecto do conteúdo.

- **Tarefas permanentes**: práticas periodicamente retomadas, de forma sistemática, para o desenvolvimento de um maior contato com determinadas temáticas, questões, conteúdos essenciais ou percebidos como necessidade pelos alunos.

- **Tarefas ocasionais**: práticas que acontecem de forma ocasional e podem, ou não, ter correspondência direta com as tarefas sequenciais que estão sendo realizadas no momento, mas são relevantes para a atividade de ensino-aprendizagem.

- **Tarefas de sistematização**: organização sistemática do conteúdo para que os alunos possam visualizar e tomar consciência dos conteúdos trabalhados durante um determinado período.

- **Tarefas sequenciais**: série de tarefas integradas cujo objetivo é o desenvolvimento de determinado conteúdo; o que permite eliminar a ideia de uma folha ou exercício diferente a cada aula, sem qualquer conexão um com o outro.

DEFINIR MODOS DE AVALIAÇÃO

A avaliação (que será mais bem explorada em Capítulo 10) pode ser pensada a partir de três tipos de organização básicos:

- Avaliação diagnóstica: busca pelas necessidades, interesses, conhecimentos dos estudantes, levando em conta o contexto em que estão inseridos e reconhecimento dos conhecimentos desenvolvidos anteriormente e as formas de trabalhá-los.

- Avaliação formativa: organiza-se a partir da produção de momentos para o aluno confrontar o que está aprendendo com as demandas pedagógicas – criação na zona de desenvolvimento proximal.

- Avaliação somativa: focaliza o resultado de todo o processo de internalização e externalização desenvolvido no trabalho formativo, a partir do exame dos objetivos de ensino-aprendizagem, principalmente, aqueles que poderão compor o desenvolvimento potencial dos alunos.

## 1.4 PARA FINALIZAR

O trabalho com Atividades Sociais, longe de se pautar em uma visão utilitária, em que o ensino se dá para o uso imediato, funcional, utilitário na vida, tem como foco a reflexão sobre a vida e os conceitos científicos específicos de cada área. Mesmo quando as atividades enfocadas são da esfera acadêmica em que o conhecimento científico é trabalhado em sua relação com a própria ciência, o aluno tem oportunidade de traçar relações e perceber, para além dos muros da sala de aula, que saber é uma forma de poder e que conhecer permite desejar alcançar novas possibilidades, novos horizontes. Trabalhar com Atividades Sociais seria, portanto, partir do universo imediato da vida vivida para imaginar possibilidades futuras.

## SUGESTÕES DE LEITURA

ABREU-TARDELLI, L. S. ; CRISTOVÃO, V. L. L. (Org.) **Linguagem e educação:** o ensino e aprendizagem de gêneros textuais. Campinas: Mercado de Letras, 2009.

ENGESTRÖM, Y. (1991) Non scolae sed vitae dsicimus: como superar a encapsulação da aprendizagem escolar. In: DANIELS, H. **Uma introdução a Vygotsky.** São Paulo: Loyola, 2002.

HOLZMAN, Lois. **Performance.** Disponível em: <http://loisholzman.org/performance/>.

LEONTIEV, A. N. 1977. Activity and Consciousness. **Philosophy in the USSR:** problems of dialectical materialism. **Progress Publishers.** Disponível em: <http://www.marxists.org/archive/leontev/works/1977/leon1977.htm acessado em 11/06/03>.

LIBERALI, F. C. **Atividade social nas aulas de língua estrangeira.** São Paulo: Moderna, 2009, v. 1. p.65.

VYGOTKY, L. S. (1930). **A formação social da mente.** São Paulo: Martins Fontes, 1988.

## REFERÊNCIAS BIBLIOGRÁFICAS

BAKHTIN, M. (1953) **Estética da criação verbal.** São Paulo: Martins Fontes, 2003.

BAZERMAN, C. Systems of genres and the enactment of social intentions. In: FREEDMAN, A; MEDWAY, P. **Genre and the new rhetoric.** London: Taylor and Francis, 1994.

DAVID, A. M. **Comunicação pessoal.** São Paulo: Pontes, 2010.

HOLZMAN, L. **Vygostsky's zone of proximal development:** the human activity zone. Presentation to the Annual Meeting of the American Psychological Association, Chicago, ago. 2002.

HOLZMAN, Lois. **Vygotsky at work and play.** New York: Routledge, 2008.

HOLZMAN, Lois. **Performance.** Disponível em: <http://loisholzman.org/performance/>.

LERNER, D. **Ler e escrever na escola:** o real, o possível e o necessário. Porto Alegre\: Artmed, 2002.

LEONTIEV, A. N. 1977. Activity and Consciousness. **Philosophy in the USSR:** problems of dialectical materialism. **Progress Publishers.** Disponível em: <http://www.marxists.org/archive/leontev/works/1977/leon1977.htm acessado em 11/06/03>.

LIBERALI, F. C. Creative chain in the process of becoming a totality – A cadeia criativa no processo de tornar-se totalidade. Bakhtiniana, **Revista de Estudos do Discurso,** v. 2, p. 01-25, 2009.

LIBERALI, F. C. Por um sujeito livres que não teme; faz escolhas. In: SCHETTINI, R. H. et al. **Vygotsky:** uma revisita no início do século XXI. São Paulo: Andross, 2009. p. 233-254.

MAGALHAES, M. C. C. O método para Vygotsky: a zona proximal de desenvolvimento como zona de colaboração e criticidade criativas. In: SCHETTINI, R. H. et al.; DAMIANOVIC, M. C.; HAWI, M.M.; SZUNDY, P. T. C. (Org.). **Vygotsky:** uma revisita no início do século XXI. São Paulo: Andross, 2009, v. 270, p. 53-78

MARX, K.; ENGELS, F. (1845-1846). **A ideologia alemã:** seguido das teses sobre Feuerbach/ Karl Marx e Friedrich, Engels. 9. ed. Trad. Sílvio D. Chagas. São Paulo: Centauro, 9ª Ed, 2006.

MEC/SECRETARIA DE EDUCAÇÃO FUNDAMENTAL. **Parâmetros Curriculares Nacionais:** 3º e 4º ciclos do ensino fundamental: língua estrangeira. Brasília: MNEC/SEF, 1998.

NEWMAN, F.; HOLZMAN, L. **Lev Vygotsky:** cientista revolucionário. São Paulo: Loyola, 1993/2002.

RUSSEL, D.TR. Uses of Activity Theory in Written Communication Research. In: SANNINO, A.; DANIELS,H.;GUTIÉRREZ,K.D. **Learning and expeding with activity theory.** Cambridge: Cambridge University Press, 2009.

SÃO PAULO. **Orientações curriculares e proposição de expectativas de aprendizagem para o ensino fundamental:** ciclo II – língua inglesa. Secretaria Municipal de Educação – São Paulo: SME/ DOT, 2007.

VYGOTSKY, L. S.(1986-1934). **Psicologia pedagógica.** São Paulo: Martins Fontes, 2001.

VYGOTSKY, L.S. (1934). **Pensamento e linguagem.** São Paulo: Martins Fontes, 1988.

VYGOTSKY, L.S. (1934). **A construção do pensamento e da linguagem.** São Paulo: Martins Fontes, 2001.

# 2

# Ensino-aprendizagem de língua estrangeira para crianças

*Alzira da Silva Shimoura*

Na década de 1980, houve um despertar do interesse pelo ensino de inglês para crianças. Segundo Brumfit (1991), temos de reconhecer que a inovação do ensino da língua estrangeira para crianças emergiu mais da prática do que da teoria. O ensino de inglês para crianças como língua estrangeira vem se expandindo, desde então, no cenário das escolas primárias. Esse movimento tem causado muita preocupação aos responsáveis pela formação de professores, pelo currículo e pelo desenvolvimento de materiais didáticos sobre a melhor maneira de se ensinar língua estrangeira para crianças.

Há ainda uma grande preocupação por parte dos professores com relação (a) à idade da criança para iniciar a aprendizagem da língua estrangeira, (b) ao método/material a ser utilizado, (c) ao desenvolvimento de determinadas habilidades linguísticas, e (d) à educação global e ao desenvolvimento pessoal da criança. Exemplos específicos de prática em sala de aula mostram a necessidade de a aprendizagem de uma língua estrangeira ser parte de um processo de desenvolvimento de habilidades sociais de uma criança, de autoconfiança e independência que a encorajem na continuidade da aprendizagem, não apenas de uma outra língua, mas durante toda a vida escolar e além.

Segundo Brumfit (1989), há uma forte crença de que as crianças aprendem línguas com maior facilidade do que os adultos. Seguindo esse pensamento, Brown (2001), afirma que a criança despende menor esforço que um adulto ao longo do processo de aprendizagem de uma língua estrangeira e, por isso, tem maiores chances de ser bem-sucedida.

Por outro lado, Rocha (2008, p. 16) constata que este tema ainda é bastante polêmico para a área de Linguística Aplicada, ressaltando que Assis-Peterson e Gonçalves (2000/2001), apontam para o fato de que a facilidade que as crianças têm para aprender uma língua estrangeira "é uma hipótese sobre a qual estudos empíricos estão longe de convergir". De acordo com Rocha (2008, p. 18), o ensino para crianças não é fácil e elas não "aprendem somente uma linguagem simples, destituída de qualquer complexidade".

Percebemos que um dos fatores que influenciam a motivação para que a criança inicie a aprendizagem de uma língua estrangeira é o jogo ou brinquedo. Segundo Wells (1981), ao se trabalhar com a aprendizagem da língua materna, observaram-se claras evidências de que uma criança que tem muitas oportunidades de negociar significados – para se certificar de que realmente entendeu o que foi dito – desenvolve as habilidades da língua mais rapidamente do que uma criança que não tem essas oportunidades. Os jogos ou brinquedos podem criar essas oportunidades na sala de aula de língua estrangeira, proporcionando situações em que as crianças precisam e querem se comunicar para terem garantida a sua participação.

Para Silva (1997), o ensino de inglês para crianças tem de levar em consideração suas experiências e interesses, isto é, o mundo em que elas vivem, tanto quanto o mundo de fantasia de sua imaginação. Uma grande aprendizagem ocorre enquanto a criança brinca, canta e age entusiasticamente, sem perceber até que ponto está se desenvolvendo linguisticamente.

Vygotsky (1930a/1991,106), aponta para o fato de que

> (...) a criança em idade pré-escolar envolve-se num mundo ilusório e imaginário onde os desejos não realizáveis podem ser realizados, e esse mundo é o que chamamos de brinquedo. (...)A criança desenvolve-se, essencialmente, através da atividade de brinquedo (...) no brinquedo a criança é livre para determinar suas próprias ações. A essência do brinquedo é a criação de uma nova relação entre o campo do significado e o campo da percepção visual – ou seja, entre situações no pensamento e situações reais.

O brinquedo, ainda segundo Vygotsky (1930a/1991, p. 117), é "uma grande fonte de desenvolvimento", pois ele cria uma Zona Proximal de Desenvolvimento (ZDP) da criança.

> *No brinquedo, a criança sempre se comporta além do comportamento habitual de sua idade, além de seu comportamento diário; no brinquedo é como se ela fosse maior do que é sua realidade.*

Isso ocorre porque

> *no brinquedo, a criança projeta-se nas atividades adultas de sua cultura e ensaia seus futuros papéis e valores. Assim o brinquedo antecipa o desenvolvimento; com ele a criança começa a adquirir motivação, as habilidades e as atitudes necessárias a sua participação social, a qual só pode ser completamente atingida com a assistência de seus companheiros da mesma idade e mais velhos (JOHN-STEINER; SOUBERMAN, 1991, p. 146).*

Para Wolffowitz-Sanches (2009), o brincar em outra língua que não a materna possibilita que a criança se constitua em outra língua, vivenciando situações afetivas e tendo ampliadas suas formas de participação na vida social.

Segundo Shimoura (2005), o trabalho com histórias infantis possibilita ampliar o conhecimento da criança em diferentes aspectos: conhecimento contextual (participantes e local); conhecimento textual (organização da narrativa); e conhecimento sistêmico (aspectos linguísticos da língua alvo). A historia infantil é, pois, utilizada como "um megainstrumento" (SHIMOURA, 2005, p. 42) no ensino-aprendizagem de língua estrangeira, na medida em que propicia o conhecimento de vários gêneros orais e escritos.

As histórias infantis apresentam Atividades Sociais em que as personagens estão envolvidas e, nelas, os enunciados são concretos e estão contextualizados (SHIMOURA, 2005), permitindo que seus significados sejam compartilhados, promovendo um espaço para o aprendizado sobre o que pode ser dito, de que forma e onde, e permitindo que as crianças se apropriem de conhecimentos sobre as esferas de circulação em que as Atividades Sociais estão inseridas.

**Atividade Social:** conjunto de ações mobilizadas por um grupo para alcançar um determinado motivo/objetivo. Satisfaz necessidades dos sujeitos na vida que se vive (LEONTIEV, 1977).

Portanto, como aponta Wolffowitz-Sanches (2009, p. 28), a linguagem assume inegavelmente, nas brincadeiras, uma função social. A linguagem é fundamental no desenvolvimento infantil e é mediadora das interações adulto–criança e criança–criança. Por meio da linguagem, a criança construirá seus sentidos sobre o mundo que a cerca. Por meio da linguagem, o professor que interagir em uma língua diferente da língua materna construirá outras possiblidades de sentidos e significados com as crianças.

Compreendendo o contar histórias como uma forma de brincar (brincar de ser/imitar as personagens, brincar do que fazem as personagens, brincar de contar, de quem conta a história ou brincar de adivinhar ou de antecipar o que vai acontecer), e não como simplesmente uma atividade prazerosa, mas sim com propósito, nos remetemos a Vygotsky (1930a/1991, p. 117) quando diz que "é incorreto conceber o brinquedo como uma atividade sem propósito.", porque

> (...) no brinquedo, a criança (...) aprende a seguir os caminhos mais difíceis, subordinando-se a regras e, por conseguinte, renunciando ao que ela quer (...) O atributo essencial de um brinquedo é que uma regra torna-se um desejo (...) (O brinquedo) ensina a criança a desejar, relacionando seus desejos a um 'eu' fictício, ao seu papel no jogo e suas regras.

Vemos o contar histórias como a tarefa por meio da qual as crianças podem vivenciar algo mais próximo de sua realidade, pois o contar histórias é uma situação real de suas vidas cotidianas. No ato de se contar há um envolvimento, uma interação muito grande entre os que participam desse momento mágico. E é resgatando esse momento para a sala de aula que vamos (re)criando essa situação tão familiar às crianças, auxiliando ainda mais no ensino-aprendizagem de uma língua estrangeira (SILVA, 1997).

Dessa forma, o jogo e a brincadeira são as maiores escolas de experiência social, porque neles há regras que limitam e regulam o próprio comportamento com o dos companheiros, estabelecendo-se uma relação ativa com o outro. Promovem o ensino da diferença entre a polidez e a diversidade das relações sociais. Vygotsky (1926/2003, p. 106) acrescenta que, ao colocar as crianças em situações sempre novas, o jogo as obriga a diversificar de forma ilimitada a coordenação social de seus movimentos e lhes ensina flexibilidade, plasticidade e aptidão criativa como nenhum outro âmbito de educação.

O jogo possibilita que a criança transforme criativamente a realidade, pois, durante o jogo, as pessoas e as coisas adotam facilmente um novo significado, por exemplo, uma cadeira pode ser um trem. Essa transformação da realidade no jogo sempre está orientada pelas exigências emocionais da criança. Para Vygotsky (1926/2003, p. 242), a criança, na infância, está num momento mais frágil e menos estruturado e, por isso, sente necessidade de algumas formas organizadas da emoção. Segundo o autor, as histórias infantis podem dar um significado saudável à estrutura da vida emocional da criança.

A brincadeira, o jogo, a história e a imitação são fundamentais na infância e no ensino-aprendizagem de língua, materna ou estrangeira, em virtude do papel que têm na organização de suas experiências de vida. Segundo Shimoura (2005), com a utilização de histórias infantis, a fala se organiza, aprende-se o que deve ou pode ser dito em determinada situação ou Atividade Social, produzindo-se, assim, linguagem: dizer alguma coisa a alguém, de uma determinada forma, em um determinado contexto histórico, isto é, as condições em que é possível um determinado discurso se realizar.

A seguir apresentaremos uma proposta de ensino de língua estrangeira para crianças enfocando tarefas para a realização de um trabalho com leitura e/ou contação de histórias infantis em sala de aula, envolvendo os aspectos contextuais, os aspectos textuais e a construção dos aspectos linguísticos da língua estrangeira, compreendendo que as crianças podem apoiar-se na língua materna, pois ouvem e (re)contam histórias infantis em casa e/ou na escola. Assim, o trabalho com a linguagem pode ser realizado de forma contextualizada, permitindo às crianças uma experiência significativa no processo de aprendizagem de uma nova língua. Essa proposta pode ser realizada, em especial, com o 6º ano.

## 2.1 TRABALHANDO COM HISTÓRIAS INFANTIS

O presente conjunto de tarefas está organizado da seguinte maneira, primeiramente, será sugerido um trabalho com histórias infantis para levantamento do conhecimento de mundo e/ou conhecimento prévio que os alunos têm acerca do assunto. A seguir, discutiremos como se preparar para contar histórias infantis e, por último, como trabalhar com a leitura e/ou contação de histórias infantis completas.

Passamos, então, as tarefas que podem ser trabalhadas com o objetivo de preparar os alunos para a futura leitura e/ou audição de histórias infantis completas em língua inglesa. Acreditamos que esse trabalho inicial possa permitir aos alunos perceber que são capazes de compreender as histórias que serão lidas ou contadas, pois essas tarefas promovem o espaço para discussão e compreensão, não só do gênero em foco, mas também, de estratégias de leitura e audição no momento de exposição aos textos.

Para iniciar o trabalho com as histórias, podemos começar de duas maneiras para realização de um "warm up" ou discussão do contexto enfocado:

**Warm up 1**: Apresentar figuras ou desenhos de personagens de histórias infantis, por exemplo, *Chapeuzinho Vermelho; Lobo Mau; Cinderela, os 7 Anões; Branca de Neve; Pinóquio; um príncipe; uma bruxa; os 3 porquinhos, um patinho feio; Aladdin; a Bela Adormecida; a Pequena Sereia; a Bela e a Fera; Rapunzel; um sapo; um pé de feijão com um menino em cima; Três ursos (mãe, pai e um filhinho)*. Espalhar as figuras ou desenhos pelo chão ou colocar nas paredes. Pedir aos alunos que observem as figuras ou desenhos e tentem reconhecer de que história as personagens foram retiradas. Os alunos vão dizendo os nomes em português e/ou em inglês e o professor diz como se fala em inglês (personagens e nomes das histórias).

> Estratégias de leitura (reading strategies): nesse caso, as principais, que podem ser trabalhadas durante as tarefas são as seguintes: (a) usar o conhecimento prévio sobre o assunto; (b) adivinhar as palavras desconhecidas por meio do contexto; (c) fazer predição; (d) usar as dicas tipográficas como: imagens, títulos, gráficos; (e) reconhecer a organização textual (gênero); (f) usar palavras cognatas (semelhantes à língua materna); (g) usar o dicionário; (h) buscar informações específicas (scanning); (i) buscar a ideia geral do texto (skimming).

**Warm up 2**: Entregar para cada aluno uma tira de papel com o nome em inglês de uma personagem de história infantil; cada aluno deve fazer uma mímica para que a turma adivinhe qual é a história. Colar tiras de papel nas paredes com os nomes das histórias em inglês para ajudar na adivinhação. Ao lerem os nomes das histórias em inglês, o professor pode chamar a atenção dos alunos para que usem estratégias de leitura (reading strategies) para adivinhar de qual história se trata usando o conhecimento prévio que têm e/ou brincando de adivinhar as palavras.

Ao final da tarefa, perguntar aos alunos se eles sabem de onde foram retiradas essas personagens, apresentando possíveis alternativas na lousa para ajudá-los a responder: ( ) soap operas / ( ) cartoons / ( ) fairy tales / ( ) fables / ( ) comic books.

Para dar continuidade é preciso que os alunos compreendam a Atividade Social que envolve histórias infantis, isto é, "Ouvir histórias na livraria" ou "Contar histórias na hora de dormir", faz-se necessário contextualizá-la por meio de discussões e tarefas que esclareçam como a atividade é vivida na vida real.

O professor pode propor a seguinte tarefa na lousa:

*a) Where can we find fairy tales?*

*( ) newspapers*

( ) *books*

( ) *TV programs*

( ) *radio programs*

( ) *Internet*

b) *Who reads or tells this kind of text?*

( ) *adults*

( ) *children*

( ) *teens*

( ) *others* .....................

c) *Why do we read or listen to fairy tales?*

( ) *to sleep*

( ) *to have fun*

( ) *to learn something*

( ) *to relax*

( ) *others* ...........................

e) *Do you like fairy tales? Why (not)?*

f) *Who used to tell you a story when you were younger?*

( ) *mother or father*

( ) *aunt or uncle*

( ) *sister or brother*

( ) *grandma or grandpa*

( ) *teacher*

( ) *others* ......................

g) *What is your favorite story? Why?*

h) *Who is your favorite character? Why did you like that character?*

i) *In groups of 3 or 4 students, tell your favorite story.*

O professor pode incentivar os alunos a contarem brevemente a história favorita, misturando português com inglês, procurando falar em inglês as palavras que já conhecem. Ressaltamos que o fato de as tarefas e/ou as instruções serem dadas todas em inglês permite aos alunos iniciantes inserção na língua alvo, promovendo a aprendizagem contextualizada, pois há a necessidade real de compreensão do que é dito para a realização das tarefas.

Outra sugestão de trabalho inicial pode ser uma tarefa de audição (listening). Uma brincadeira divertida pode ser dividir a sala em dois ou três grupos e pedir para que adivinhem os trechos das histórias que irão ouvir. O professor pode escolher trechos famosos de algumas histórias com áudio em que o contexto, os barulhos e sons, as vozes e entoações, as palavras já conhecidas permitirão adivinhar de qual história se trata. Como exemplo, selecionamos os trechos a seguir que podem ser retirados de CDs e/ou sites da Internet em que seja possível ouvir as histórias selecionadas.

### a) The Three Little Pigs

*The very next day the Wolf came to the house of straw.*

*"Little pig, little pig, let me come in," cried the wolf.*

*But the first little pig replied,*

*"No, no, by the hair of my chinny chin chin, I will not let you in."*

*"Then I'll huff and I'll puff and I'll blow your house in!" said the wolf.*

### b) Little Red Riding Hood

*"Oh, Grandmother!" she cried.*

*"What big ears you have!"*

*"All the better to hear you with, my dear," came the reply.*

*Little Red Riding Hood went a little closer.*

*"Oh, Grandmother! What big eyes you have!" she gasped.*

*"All the better to see you with, my dear!"*

### c) Snow White and the Seven Dwarfs

*The Queen had a magic mirror and every day she would look into it and whisper:*

*Magic mirror on the wall,*

*Who is the fairest one of all?*

*And the mirror would always reply:*

*You, O Queen, are the fairest of them all.*

Antes de ouvirem cada trecho, o professor pode dar algumas instruções para ajudá-los na compreensão, como: "This is part of a fairy tale. Pay attention to the sounds and key-words to guess the name of the story".

Após ouvirem cada trecho, o professor pergunta quais sons e palavras-chave os alunos reconheceram na história. Ao tocar o trecho pela segunda vez, o professor pode fazer as seguintes perguntas para ajudar a aprofundar a compreensão dos trechos pelos alunos.

a) What is the name of this story? How do you know?

b) What is happening in this moment of the story? How do you know?

c) What are the characters doing in this scene? How do you know?

Há ainda a possibilidade de que os alunos ouçam os trechos mais vezes, caso seja necessário para a compreensão, mas é importante lembrar que o objetivo dessa tarefa é ensinar os alunos a perceberem que são capazes de compreender a situação pelo seu contexto: sons, diferentes vozes e palavras já conhecidas.

Depois de os alunos terem adivinhado qual é a história e quem são as personagens em ação, o professor deve lembrar de perguntar sempre como eles descobriram tal informação. Por meio das diferentes respostas, é possível levantar os tipos de estratégias de audição (listening strategies) usadas pelos próprios alunos procurando mostrar-lhes que são capazes de compreender o contexto em que ocorre a ação em língua inglesa ou qualquer outra língua.

> **Estratégias de audição (listening strategies):** nesse caso, as principais, que podem ser trabalhadas durante as tarefas são as seguintes: (a) reconhecer a organização textual – gênero: conversa no restaurante; conversa no telefone ; (b) reconhecer palavras-chave ; (c) adivinhar o significado das palavras ; (d) identificar o assunto ; (e) usar o conhecimento prévio sobre o assunto; (f) deduzir palavras desconhecidas por meio do contexto; (g) perceber a atitude de quem fala ; (h) buscar a ideia principal ; (i) buscar informações específicas.

Para uma tarefa de leitura de uma história conhecida e também para trabalhar estratégias de leitura com os alunos, a sugestão é retirar trechos escritos de cenas famosas de livros de contos de fadas/histórias infantis e/ou de sites na Internet para que os alunos façam relação entre os trechos lidos e os títulos das histórias. Como exemplo, selecionamos os trechos a seguir. É preciso lembrar-se de apresentar os trechos sem os títulos para que os alunos possam fazer a relação ao lerem.

### a) Goldilocks and the Three Bears

*She saw the three bowls on the table. The porridge smelled so good she decided to taste it. First she tasted the porridge in the great big bowl. It was too hot. Next she tasted the porridge in the middle-sized bowl. It was too cold. Then she tasted the porridge in the wee little bowl and it was just right. So she soon ate it all up!*

### b) Cinderella

*The Fairy Godmother turned a fat pumpkin into a crystal coach! Four mice became white ponies, and two rats were changed into footmen!*

*"Thank you, Fairy Godmother!" cried the girl.*

*"Just remember my magic can only last until midnight!" her Godmother smiled.*

### c) Jack and the Beanstalk

*Once upon a time there was a boy who lived with his mother in a tiny cottage. They were very poor. One day his mother said to him, "Jack, you must take our cow to market and sell her so we can buy food."*

*Jack set out at once. On the way, he met an old man.*

*"That's a fine-looking cow," said the old man. "If you give her to me, I'll give you some magic beans."*

*Jack stared at the beans. How exciting! He took them and hurried back home.*

*Jack's mother was very angry. "Now we shall starve!" She threw the beans out the window.*

### d) Beauty and the Beast

*Once upon a time, a selfish young prince refused to give an old beggar woman shelter in his castle. But the old woman was really an enchantress I disguise. She turned the prince into a terrifying beast and cast a spell on everyone else in the castle.*

Os alunos podem ler os trechos em pequenos grupos e tentar adivinhar qual é a história por meio de palavras conhecidas, palavras cognatas, leitura dos títulos que serão relacionados, adivinhar palavras desconhecidas por meio do contexto. Ao final da tarefa, o professor poderá fazer as mesmas perguntas usadas na tarefa de listening. Para explorar ainda mais os trechos lidos, pode-se perguntar : "Which extract shows the beginning of a fairy tale ? How do you know ?". Nesse momento pode-se discutir como são os possíveis inícios para as histórias infantis "Once upon a time..." ; "One day..."; "A long time ago...".

Sugestão de sites na Internet para encontrar textos orais e/ou escritos de histórias:

*<http://kidsgen.com/fables_and_fairytales/index.htm>* (leitura de várias histórias completas)

*<http://www.littleredridinghood.ca/book/2339-f2-little-red-riding-hood>* (é possível ler e ouvir a história)

*<http://storynory.com/2006/04/08/cinderella/>* (é possível ouvir a história)

*<http://ivyjoy.com/fables/>* (leitura de histórias curtas)

Para uma tarefa de leitura de uma história (não) conhecida, outra sugestão é explorar a capa do livro antes da leitura da história. Ressaltamos que as histórias infantis fazem parte da esfera de circulação literária e é fundamental trabalhar com os alunos o livro como portador de texto e a importância da leitura da capa e da quarta capa que ajudam a antecipar o que vai acontecer na história. As seguintes questões podem ser feitas aos alunos para prepará-los para a leitura do texto com o objetivo de antecipar o que pode acontecer na história.

a) Have a look at the cover of this book. What can we see on the cover of the book? (pictures, title, the author's name, publisher).

b) What is the title of the story?

c) When we know the title of the story is it possible to guess what is going to happen? How?

d) Who is the author? Do you know her/him? What book or story did she/he write?

e) Who is the publisher? Did you read any other book from this publisher? Which one?

f) Let's see the back cover of the book. What kind of information can we find here? What is the objective of this kind of information?

Todo esse questionamento é fundamental para promover uma desejada segurança nos alunos a fim de que possam ouvir a história sem a ansiedade de compreender tudo o que é dito. A exploração da capa e quarta capa levantam hipóteses sobre o conteúdo do livro que podem ser confirmadas ou não com a leitura. O ato de ouvir a leitura atentamente para confirmar as hipóteses passa a ser um desafio para os alunos que estrategicamente vão procurando pistas, palavras-chave para compreender a história. Esse procedimento tem como objetivo formar leitores capazes de escolher/selecionar livros independentemente, capazes de avaliar a obra.

As tarefas propostas até aqui têm como objetivo preparar os alunos para perceber que podem ler ou ouvir histórias completas em inglês sem o medo de não conseguirem compreender o que é dito. Essas tarefas também podem funcionar como tarefa diagnóstica com a finalidade de mostrar, tanto para os alunos quanto para o professor, o quanto os alunos são capazes de compreender as histórias contadas e/ou lidas.

## 2.2 PREPARANDO UMA HISTÓRIA PARA SER LIDA OU CONTADA

Antes de apresentarmos tarefas para contar ou ler uma história completa em inglês para os alunos, apontamos alguns critérios que julgamos necessário para a escolha das histórias infantis a serem trabalhadas em sala de aula.

a) Selecionar textos originais para que os alunos tenham contato com a linguagem real utilizada pelo autor.

b) Escolher histórias mais curtas, primeiro, porque a atenção e a concentração dos alunos do 6º ano ainda são curtas e, segundo, porque esse será, provavelmente, o contato inicial com a língua estrangeira.

c) Utilizar livros ilustrados com desenhos grandes e coloridos para chamar a atenção e envolver os alunos.

d) Selecionar livros de acordo com a faixa etária e interesse dos alunos para que eles se envolvam com a história.

e) Buscar textos que apresentem Atividades Sociais, às quais os alunos estejam expostos, no dia a dia, para que possam ter contato com a linguagem contextualizada.

Ressaltamos ainda a necessidade de um planejamento cuidadoso para se contar uma história. É preciso que o professor se prepare com antecedência com a finalidade de conhecer os detalhes da história selecionada e, assim, poder contá-la com emoção envolvendo e tocando seus ouvintes. Esse preparo permitirá o conhecimento do contexto e dos diferentes tipos de personagens, da sequência das ações ocorridas, do conflito, do clímax e da resolução final da história. Dessa maneira, é possível transmitir emoção ao contar e/ou ler a história, pois o contador saberá exatamente o momento de mudança de vozes para diferenciar a voz do narrador das vozes das personagens e quando aumentar ou diminuir o tom de voz e/ou entonação para envolver e surpreender os ouvintes que podem usar sua imaginação para visualizar as ações narradas. Para tanto, apresentamos um roteiro com questões que precisam ser consideradas pelo professor ao se preparar para contar e/ou ler uma história infantil.

- Qual o nome da história?

- Qual o cenário da história?

- Onde ela acontece? (castelo, floresta, mar, outro país, casas, cidades...)

- Quando a história ocorre? (dia, ano, mês, há muito tempo atrás)

- Quem são as personagens? (animais? reis e rainhas? príncipes e princesas? bruxas e caçadores?)

- Quais são as personagens principais e secundárias na história?

- Quais os aspectos culturais, históricos ou científicos que a história apresenta?

- Qual a faixa etária para a qual essa história é mais adequada?

- Qual a introdução da história?

- Qual é o enredo da história?

- Qual é o conflito/problema/clímax da história?

- Como o conflito se resolve?

- Quais Atividades Sociais podem ser trabalhadas?

- Que conteúdo desejo trabalhar a partir das Atividades Sociais selecionadas?

Ao levar em conta todas essas questões que apontamos, o professor se apropriará da história a ser contada, sentindo-se seguro para contá-la, sem correr o risco de esquecer-se de algum detalhe importante que possa comprometer a compreensão por parte dos alunos.

## 2.3 TRABALHANDO COM HISTÓRIAS COMPLETAS

Para o trabalho com a leitura ou contação de histórias completas, além da preparação e planejamento já apontados, é fundamental a prática antecipada da maneira escolhida para se contar a história. O professor poderá ler a história tendo o cuidado de mostrar as imagens para todos os alunos, ou poderá contar a história de diferentes maneiras sem o uso do livro. A história pode ser contada por meio de dramatização em que o professor pode fazer todas as personagens mudando as vozes para marcar quem fala, ou fazendo uso de fantoches.

Antes da leitura de uma história completa, o professor pode explorar a capa do livro como foi sugerido anteriormente, buscando a preparação dos alunos para ouvi-la.

Antes da contação de uma história completa, o professor pode explorar os objetos e/ou fantoches que serão utilizados para contar, auxiliando os alunos a anteciparem o que poderá acontecer na história.

Também antes do início da leitura e/ou contação, o professor poderá dar algumas tarefas para o grupo conduzindo sua atenção para descobertas durante a história, por exemplo: Where does the story happen? Who are the characters? What is the conflict of the story? Who helps to solve the problem? How is the problem solved? How would you solve this problem?

Ao término da leitura/contação, os alunos podem procurar responder as questões mesmo usando apenas algumas palavras-chave em inglês para construção de suas respostas. Ao longo do trabalho com histórias infantis, podemos perceber que os alunos vão se apropriando da maneira de como contar histórias. Com a exposição constante a esse gênero, os alunos começam a sentir-se seguros para recontar as histórias ouvidas de diferentes formas e com diferentes finais, podendo fazer uso da dramatização, teatro de fantoches e histórias em quadrinhos para recontá-las. Para esse fim, um instrumento importante para realização do recontar das histórias pelos alunos pode ser a performance. Esse será um espaço em que os alunos terão a oportunidade de vivenciar/praticar a linguagem por meio dos papéis das personagens das histórias lidas/contadas.

Performance: Ligada ao conceito de brincar de Vygotsky (1930/1998) - implica considerar a forma como os sujeitos, principalmente, participam e se apropriam da cultura de um determinado grupo social. Meio de experimentar, cognitivo-afetivamente, as vivências do mundo real de forma imaginária (LIBERALI, 2009).

As crianças experimentam situações que ainda não viveram e podem aprender a refletir sobre os conflitos e suas dificuldades. Há a possibilidade de promover espaço para discusssão dos conflitos das histórias para que as crianças tenham a oportunidade de pensar/criar possíveis soluções, aprendendo assim a analisar situações-problema em busca de resoluções, o que pode se refletir em sua própria vida ao lidar com conflitos e tomadas de decisão.

A seguir, apresentamos um quadro com uma possível organização do trabalho com histórias infantis em língua inglesa.

**Objetivos**

### Compreensão escrita (histórias infantis)

Conhecer aspectos da tradição cultural literária na língua inglesa a partir da leitura de contos de fada

Fazer inferências sobre o sentido do texto com base no conhecimento dos alunos sobre contos de fada

Apreciar texto literário escrito em língua estrangeira

Determinar título, autor, ilustrador, e editora do livro por meio da leitura da capa e quarta capa

Fazer previsões sobre o assunto a ser lido por meio da leitura da capa

Identificar ideia principal do texto

Diferenciar personagens, reconhecendo seu papel na narrativa

Reconhecer a sequência temporal dos episódios narrados

Reconhecer o conflito gerador

Estabelecer relações entre o texto escrito, as ilustrações e filmes

Reconhecer as diferentes partes de uma narrativa dentro de um conto de fadas (situação inicial; complicação; ações em movimento crescente; climax; resolução; situação final).

### Produção escrita (histórias infantis)

Produzir um final diferente para uma história

### Compreensão oral (histórias infantis)

Reconhecer as vozes das personagens e do narrador

Reconhecer sons característicos para identificação do contexto

Reconhecer marcadores temporais

Reconhecer as diferentes partes de uma narrativa dentro de um conto de fadas (situação inicial; complicação; ações em movimento crescente; clímax; resolução; situação final).

### Análise e reflexão de aspectos linguísticos

**Para trabalho com histórias infantis:**

Identificar e usar o passado simples

Identificar e usar marcadores temporais

*Fonte: Quadro adaptado das "Orientações Curriculares – Proposição de Expectativas de Aprendizagem – Língua Inglesa, 2007".*

## 2. 4 PARA FINALIZAR

Muitos textos, independentemente da língua alvo a ser ensinada, circulam na sala de aula de modo artificial, como parte de uma atividade didática, com finalidade específica, descontextualizada. Como consequência, os alunos não têm a oportunidade do contato com textos autênticos em situações reais de interlocução, impossibilitando sua percepção de como cada texto é construído, isto é, o que diferencia um do outro.

Com a proposta apresentada, procuramos promover um trabalho em sala de aula por meio do contar histórias infantis que são textos autênticos e gênero que já faz parte do conhecimento de mundo dos alunos.

Essa forma de trabalho em sala de aula propicia um espaço para a formação de futuros leitores em língua estrangeira utilizando como instrumentos as histórias infantis e enfatizando a importância da leitura na vida dos alunos, pois as histórias infantis estão repletas de exemplos de linguagem da vida real. As crianças que são expostas a histórias infantis, lendo ou ouvindo, têm a possibilidade de ampliar seu conhecimento de mundo, sua criatividade e imaginação, além de desenvolver a linguagem, a emoção e o cognitivo.

Uma possibilidade de continuação desse trabalho poderia envolver a organização de um texto narrativo e as Atividades Sociais contidas nas histórias infantis. Ressaltamos, portanto, que, por meio das Atividades Sociais que fazem parte das histórias infantis, é possível o trabalho com a linguagem de forma contextualizada permitindo às crianças uma experiência significativa no processo de aprendizagem de uma nova língua, (SHIMOURA, 2005). É importante ressaltar que a escolha de se trabalhar a partir de Atividades Sociais cria, para as crianças, a possibilidade de agir no mundo de forma consciente por meio da linguagem. Ou seja, as crianças se apropriam da linguagem própria de cada Atividade Social e a realizam com segurança, porque sabem como dizer o que deve (ou não) ser dito, em determinado contexto (SHIMOURA, 2005). As crianças passam a ter consciência do papel da linguagem nas Atividades Sociais, que são atividades autênticas da vida social.

## SUGESTÕES DE LEITURA

ALMEIDA, M. M. **O inglês na escola de 1º grau da rede pública:** um passo em direção a um ensino igualitário. 1996. Dissertação (Mestrado em Linguística Aplicada e Estudos da Linguagem) – Pontifícia Universidade Católica de São Paulo, São Paulo, 1996.

APPLEBEE, A. N. **The child's concept of story.** Chicago: University of Chicago Press, 1978.

CASTRO, S. T. R. **A linguagem e o processo de construção do conhecimento:** subsídios para a formação do professor de inglês. 1999. Tese. (Doutorado em Linguística Aplicada e Estudos da Linguagem) – Pontifícia Universidade Católica de São Paulo, São Paulo, 1999.

GRIMM, J.; GRIMM W. **Os contos de Grimm.** São Paulo: Paulinas. 1812/1989.

LINGUEVIS, A. M. **Educação infantil:** a porta de entrada para o ensino-aprendizagem de língua inglesa. 2007. Dissertação (Mestrado em Linguística Aplicada e Estudos da Linguagem) – Pontifícia Universidade Católica de São Paulo, São Paulo, 2007.

MIRANDA, A .V. **Ensino de inglês para crianças:** a participação dos alunos e professora na construção do conhecimento. 2003. Dissertação (Mestrado em Linguística Aplicada e Estudos da Linguagem) – Pontifícia Universidade Católica de São Paulo, São Paulo, 2003.

ROJO, Roxane H. R. A leitura de livros infantis na interação em sala de aula: do diálogo ao monólogo. **Anais do II seminário multidisciplinar de alfabetização.** São Paulo, PUC - SP - EDUC., 1993.

SZUNDY, P. T. C. **A construção o conhecimento no jogo e sobre o jogo ensino-aprendizagem de LE e formação reflexiva.** Tese. 2005. (Doutorado em Linguística Aplicada e Estudos da Linguagem) – Pontifícia Universidade Católica de São Paulo, São Paulo, 2005.

## REFERÊNCIAS BIBLIOGRÁFICAS

ASSIS-PETERSON, A. A.; GONÇALVES, M. O. C. (2000).Qual é a melhor idade para aprender Línguas? Mitos e fatos. In: **Contexturas-ensino crítico da língua inglesa**, n. 5, p. 11-27, 2001.

BROWN, D**.** *Teaching by principles:* an interactive approach to language pedagogy. New York: Pearson Education, 2001.

BRUMFIT, C. "Young Learners: Young Language". (palestra) - **IA-TEFL Young Learners Special Interest Group**, Newsletter, n. 8, out. 1989.

BRUMFIT, C. **Teaching English to children:** from practice to principle. England: Longman,1991.

JOHN-STEINER, V.; SOUBERMAN, E. Pósfácio de VYGOTSKY, L. S. (1930a). **A formação social da mente.** São Paulo: Martins Fontes, 1991.

LEONTIEV, A. N. **Activity and consciousness.** Philosophy in the USSR: Problems of Dialectical Materialism. Progress Publishers. Disponível em: <http://www.marxists.org/archive/leontiev/works/1977/leon1977.htm>. Acesso em: 19 abr. 2011.

LIBERALI, F. C. **Atividade social nas aulas de língua estrangeira.** São Paulo: Moderna, 2009.

ROCHA C. H..O ensino de línguas para crianças: refletindo sobre princípios e práticas. In: ROCHA, C. H.; BASSO, E. A. **Ensinar e aprender língua estrangeira nas diferentes idades:** reflexões para professores e formadores. São Carlos: Claraluz, 2008.

SÃO PAULO (SP). Secretaria Municipal de Educação. Diretoria de Orientação Técnica. **Orientações curriculares e proposição de expectativas de aprendizagem pra o ensino fundamental:** ciclo II: – Língua Inglesa. São Paulo: SME/DOT, 2007.

SHIMOURA, A. S. **Projeto de formação de professores de inglês para crianças:** o trabalho do formador. 2005. Tese (Doutorado em Linguística Aplicada e Estudos da Linguagem) – Pontifícia Universidade Católica de São Paulo, São Paulo, 2005.

SILVA, A. **Era uma vez...** O conto de fadas no ensino/aprendizagem de língua estrangeira: o gênero como instrumento. 1997. Dissertação (Mestrado em Linguística Aplicada e Estudos da Linguagem) – Pontifícia Universidade Católica de São Paulo, São Paulo, 1997.

VYGOTSKY, L. S. **A formação social da mente.** (1930a). São Paulo: Martins Fontes, 1991.

VYGOTSKY, L. S. **Psicologia pedagógica.** (1926).Porto Alegre: Artmed, 2003.

WELLS, G. Learning Through Interaction/ Language Learning and Education. In: FRENCH, C.;MACLURE, M. **Language home and school.** New York: University of Cambridge, 1981.

WOLFFOWITZ-SANCHES, N. **Formação de professores para a educação infantil bilíngue.** 2009. Dissertação (Mestrado em Linguística Aplicada e Estudos da Linguagem) – Pontifícia Universidade Católica de São Paulo, São Paulo, 2009.

# 3

# Ensino-aprendizagem de língua estrangeira para adolescentes

*Gabriela Barbosa do Amarante*

## 3.1 CONHECENDO O PÚBLICO

Tomando-se por base a Teoria da Atividade Sócio-Histórico-cultural (TASHC), a adolescência, segundo Vygotsky (1931/2006),pode ser caracterizada como um período de transição, no qual o indivíduo distancia-se pouco a pouco das atrações/necessidades que o mobilizam na infância, de natureza biológica, e caminha lentamente na direção dos interesses, de natureza social, que doravante o guiarão. Isso equivale a dizer que, durante essa fase, o adolescente busca descobrir os reais interesses que impulsionarão seu comportamento e que advém de seu desenvolvimento psicológico. Ao definir os desafios vivenciados pelo adolescente, o autor não nega a base biológica, mas a ela associa a base social, considerando, dessa forma, que a situação social de desenvolvimento se transforma a cada idade e é diferente em cada contexto.

> **TASHC:** Teoria oriunda das discussões sobre atividade de trabalho com Marx e Engels (1845-46/2006), essa teoria vem sendo tecida, desde então, por Vygotsky (1931-33/2006, 1930/2004, 1930/2008a, 1934/2001, 1934/2008b), Leontiev (1977/2010), Engeström (2008). A TASCH situa o ser humano como um sujeito social, histórico e cultural em relação dialética com o meio e com seus pares, com os quais interage por meio de instrumentos.

Dentro dessa perspectiva, a linguagem assume uma importância crucial. Ao longo de sua existência, o sujeito desenvolve-se cognitivamente passando por diversos processos mentais, mas um dos mais importantes em todo esse processo é o de formação de conceitos. Com início na infância, essa habilidade se transforma ao longo do tempo, e é na adolescência que atinge seu

58  *Série*  A reflexão e a prática do ensino

**Funções mentais superiores:** conceito central na teoria vygotskiana, que compreende funções que só se constituem no processo de desenvolvimento por meio das interações sociais, como, por exemplo, a memória lógica, atenção voluntária, o pensamento verbal e conceitual, as emoções complexas etc.

**Interesses:** Vygotsky usa a palavra russa vlechenie para designar a atração, aspiração e impulso que marcam esse momento de desenvolvimento do adolescente (Nota de tradução, VYGOTSKY, 2000, p.11).

maior potencial. Tendo a linguagem como pilar central para seu desenvolvimento, a formação conceitual exigirá que o sujeito saia do plano concreto para o abstrato, ativando as funções mentais superiores que formam nosso psiquismo e que são de natureza cultural e não somente biológica. Assim, esse processo de formação de conceitos envolve as funções mentais superiores, já que exige uma grande capacidade de abstração. Esse descolamento da realidade palpável mexe demais com o adolescente e é quando ele começa a formar conceitos que adquire seu maior trunfo rumo à criatividade e à imaginação em suas atividades. Ao defender o desenvolvimento dos interesses e não sua aquisição, Vygotsky supera o ponto de vista mecanicista do desenvolvimento, salientando que, a partir desse momento, são os conceitos, e não mais as ações, que vão mobilizar os interesses do adolescente.

Como acabamos de ver, a reestruturação dos interesses do adolescente é a chave de seu desenvolvimento, no entanto, tal reestruturação, fruto da interação entre o interno e o externo, não é fácil de ser assimilada, acarretando em grandes oscilações de personalidade presentes sobretudo no início da adolescência. Ao discutir o negativismo dessa fase da vida, Vygotsky (1931/2006, p. 29) traz Bühler que enumera algumas características recorrentes dentro desse grupo que ali estão em intensidades diversas. Observa-se

> (...) baixa produtividade da atividade, quebra de prestígio, perda de interesses, elevada irritabilidade, grande capacidade de excitação, extrema fadiga, rápidas e bruscas mudanças de humor, e uma inquietação generalizada (...).

Essas características o fazem isolar-se do meio.

Esses momentos críticos marcados por crises, embora sejam propícios ao desenvolvimento, representam um enorme desafio no que diz respeito à educação. Desse modo, é preciso questionar o papel da escola, já que o sistema pedagógico não consegue acompanhar essas bruscas mudanças de personalidade. Não se pode esquecer que "o desenvolvimento não interrompe nunca sua obra criadora e até mesmo nos momentos críticos há processos construtivos" (1931/2006, p. 259).

Seguindo essa linha de raciocínio, ao se buscar compreender cada vez mais o adolescente, prepara-se de uma forma mais coerente para lidar com alunos dessa faixa etária. Ao fazê-lo, podem-se criar novas estratégias, estabelecendo conexões entre professor e aluno, com o intuito de favorecer uma aprendizagem plena que propicie desenvolvimento. Chalita (2001/2008, p. 32) concebe o jovem como "aquele que usa plenamente todo o potencial de que o ser humano pode dispor", sendo assim, seria um desperdício para a nossa sociedade não olhar com atenção para esses fatos.

Gentili e Alencar (2001/2007) tratam, de forma contundente, da realidade juvenil no século XXI. Trazem a mudança de perfil do jovem, ao longo dos últimos 40 anos, que deixa de lado a crítica à sociedade, para se dedicar à indiferença pelo futuro, fato que tem consequências diretas na atual desordem societária. O desencanto de nossos jovens é traço notório da realidade e se reflete no desencanto presente no meio educacional, onde inúmeras reformas experimentadas nos últimos anos só atestam que "a escola está mudando para continuar sendo a mesma. Haja desencanto" (GENTILI; ALENCAR, 2001/2007, p.18). É nesse contexto de total desencanto que a esperança, que para Espinosa é mais bem compreendida como desejo, se faz presente. Esperança que precisa apostar na ressignificação dos sentidos da educação e transformar a sala de aula em "espaços de troca de perspectivas, percepções e vivências" (GENTILI; ALENCAR, 2001/2007, p. 22).

Bem, para que a sala de aula se torne esse espaço de troca, o professor pode propiciar, aos alunos, a vivência de certas práticas sociais para que, em interação com seus semelhantes, possam enxergar novas formas de ver a sua realidade por meio de uma análise do que é e do que poderia ser sua vida.

## 3.2 EXEMPLIFICANDO A PRÁTICA

Um dos caminhos para criar esse ambiente favorável à aprendizagem é adotar uma prática de sala de aula baseada no brincar e na performance. O brincar, segundo Holzman (2009) é dotado de um grande potencial de desenvolvimento, na medida em que, por meio da atividade performática, encenam-se papéis, experimentando situações que em breve assumirão na "vida real". A chave para esse desenvolvimento se encontra no confronto entre a liberdade proporcionada pela imaginação e as restrições impostas pelas regras da situação vivenciada, assim, ao brincar, o sujeito atua criando zonas de possibilidades futuras, na medida em que atua no plano imaginário, indo além de suas possibilidades imediatas. Liberali (2009, p. 19) enfatiza a importância do brincar no

> **Os três sentidos do brincar:** segundo Holzman (2009) esses três sentidos são o brincar livre, por meio do qual a situação imaginária criada estabelece as regras, o jogo regrado, no qual as regras tendem a dominar a situação imaginária criada, e as brincadeiras teatrais ou performances, nas quais os aspectos cognitivos e emocionais são gerados e gerenciados pelos próprios participantes da atividade de brincar.

> **ATENÇÃO**
>
> *Vale ressaltar que, quando esse formato é mencionado, para trabalhar o processo de ensino-aprendizagem de LE, não se refere ao conceito de Role-Play. Role-Play seria uma modalidade de trabalho em grupo, na qual cada participante assume um papel em uma situação particular, para realizar uma atividade oral fictícia. Já o conceito de performance adotado, é algo mais amplo que leva os participantes a atuarem cada um com seu papel social, em uma situação do mundo real criada na classe.*

processo de ensino-aprendizagem, uma vez que "cria a base para a integração com a vida, pois se organiza como uma atividade que recria as atividades da vida para permitir sua apropriação".

Tomando por base os três sentidos do brincar elencados por Holzman (2009), o ensino de LE para adolescentes pode ter, como norte, as brincadeiras teatrais improvisadas ou performances sem roteiro, se quisermos realmente caracterizar a sala de aula como um espaço privilegiado de troca de percepções e de vivências, que possibilita que o aluno compreenda a sua realidade e vislumbre diferentes opções para seu futuro.

Baseada no conceito vygotskiano do brincar, a atividade de performance surge como uma prática terapêutica e educacional que auxilia crianças e adultos a construírem ativamente ambientes nos quais eles podem criativamente atuar, sendo, ao mesmo tempo, quem eles são e quem eles estão se tornando (HOLZMAN, 2009; NEWMAN; HOLZMAN,1993). Liberali (2009), baseada em Veresov, diz que a palavra stage, entendida como o lugar onde o desenvolvimento dramático acontece, é a base da discussão do conceito de performance, por se constituir como a arena onde os participantes assumem o papel não só de espectadores, mas de *performers improvisadores*, atuando nessa nova realidade. Nessa perspectiva, a performance aparece como base para trazer a Atividade Social (a vida que se vive) para a sala de aula.

Um ponto importante é pensar que, ao colocar o sujeito na performance, busca-se integrar, em um só momento, diversos conceitos-chave para a participação na atividade, isto é, valores, conhecimentos científicos e cotidianos, linguagem e aspectos afetivo-emocionais e que, ao fazê-lo, permite-se que os sujeitos vivenciem a atividade em sua totalidade, indo muito além de uma simples atuação de papéis. A performance marca o surgimento de um novo formato para trabalhar o processo de ensino-aprendizagem de LE, em uma perspectiva emancipadora do sujeito, por meio da qual é possível ir além de nós mesmos para criar experiências, habilidades, capacidades intelectuais, relacionamentos, interesses, emoções, desejos, objetivos – o que é, no fundo, a essência do aprendizado e do desenvolvimento humanos.

Vejamos agora um exemplo prático dessa proposta.

# Capítulo 3 Ensino-aprendizagem de língua estrangeira para crianças 61

| | |
|---|---|
| Objetivo da tarefa | Objetivo da tarefa Dar voz aos sujeitos participantes da atividade, trabalhando por meio de performances com situações da vida que se vive, mas que, não necessariamente, fazem parte do cotidiano dos alunos envolvidos. |
| 1º passo | Performance inicial. Dentro de uma dada Atividade Social, proponha que alguns alunos, voluntariamente, vivenciem uma dada situação de comunicação. Essa primeira performance normalmente é impregnada de conhecimentos cotidianos trazidos pelos participantes que, assim, contribuem de forma colaborativa. Convide diferentes sujeitos a vivenciar a situação, buscando multiplicar tanto as possibilidades de ação quanto as interações comunicativas. |
| 2º passo | Apresente um documento audiovisual aos alunos participantes que retrate a performance vivenciada em outro contexto (um trecho de filme, uma publicidade, uma música), buscando ampliar os conhecimentos acerca da situação vivenciada anteriormente. |
| 3º passo | Incite uma discussão crítica sobre os elementos descobertos que poderiam ser incorporados à performance inicial (um gesto, uma fala, um novo papel). |
| 4º passo | Convide outros alunos a vivenciarem a situação e grave as performances. |
| 5º passo | Apresente a gravação das performances dos colegas à totalidade dos alunos visando primeiramente a uma reflexão coletiva e crítica das interações assistidas e, posteriormente, a um enriquecimento das trocas comunicativas. |
| 6º passo | Proponha uma performance final da situação escolhida introduzindo um elemento novo na situação. |

**ATENÇÃO**

*É muito importante salientar para os alunos o caráter de improvisação da performance, sem preparação prévia, sem elaboração de roteiro de atos de fala, enfim, insistir na realização da tarefa como se ela estivesse realmente sendo vivenciada pelo grupo na vida real. O professor pode e deve auxiliar a vivência dessa situação imaginária em sala de aula promovendo uma real transformação de seu ambiente físico, decorando-o e preparando-o para a vivência da performance da forma mais próxima possível da realidade.*

Um ambiente favorável à aprendizagem é aquele que oferece espaço para que cada sujeito possa desenvolver-se em todas as suas potencialidades, e isso só é possível para aqueles que assumem riscos. Sair do conforto do já sabido, rumo ao desconforto do desconhecido e, assim, descobrir-se forte o bastante para lidar com o novo, transformando sua realidade imediata, é o que se almeja, ao trabalhar com essa prática na sala de aula. Eis a aprendizagem libertadora e revolucionária, que incita o sujeito a agir, lançando mão daquilo de que dispõe em um dado lugar e momento histórico. Holzman (1997, p. 73) entende que, por meio da performance, os participantes "criam quem são por serem quem não são" indo além de si mesmos, ao assumir um outro e, ao fazê-lo, "os sujeitos criam outras formas de relacionar-se consigo mesmos, com outros, com o mundo a sua volta" (LIBERALI, 2009, p.19; baseada em Holzman, 1997, e Lobman e Lundquist, 2007). Pode-se, portanto, admitir o papel fundamental das performances na práxis transformadora, uma vez que, por meio delas, as experiências vividas poderão ser multiplicadas, despertando múltiplos e variados desejos nos sujeitos.

A performance aparece, aqui, como a possibilidade de vivenciar algo que os sujeitos não necessariamente terão oportunidade, algo que, antes de ser "vivido", em sala de aula, talvez nunca tenha sido considerado como possibilidade em suas realidades imediatas. Como desejar, porém, o desconhecido? Como ter vontade e sonhar com algo do qual nem se sabe a existência? Espinosa (1677) defende que o desejo pressupõe a ação, por isso, somente após tomar conhecimento de algo, o sujeito verá despertar seu desejo e se sentirá mobilizado para agir. Nessa linha, as possibilidades futuras criadas pelo brincar e pelas performances, podem se transformar em vontade e em decorrente desejo na busca da participação na atividade.

Para entender o impacto das experiências educacionais na vida dos sujeitos, parece-me ser de extrema relevância refletir um pouco sobre um conceito abordado por Vygotsky no livro Psicologia da arte, o conceito vygotskyano de perejivanie. Sendo a emoção o centro da relação desse conceito com o desenvolvimento do ser humano e compreendendo as experiências cognitivas e ativas emocionalmente relevantes, a perejivanie constitui-se como a marca da nossa ação educativa nos sujeitos.

Quando se trata a relação ensino-aprendizagem como propiciadora de novas formas de agir, suscitadora de desejos até então desconhecidos, é necessário pensar em algo que permeie todas as

---

Perejivanie: experiências cognitivas emocionalmente relevantes. Delari Júnior (2009) elaborou um vasto estudo sobre a abordagem do conceito de "perejivanie" por psicólogos russos, sobretudo na obra de Vygotsky onde o conceito é abordado com uma grande pluralidade de sentidos. Optamos pela palavra vivência, pois "perejivanie é um substantivo relativo ao verbo jivat, uma forma arcaica para viver, e vivência é uma palavra em português que se aproxima do ato de viver" (2009, p. 9).

relações dentro da sala de aula, inerente às relações humanas: a afetividade. Para Basso, que estuda a educação de LE para adolescentes, "é o aspecto afetivo, que nos parece o que mais tem afetado o processo de ensino-aprendizagem em todas as áreas do conhecimento neste período da vida" (2008, p. 126). Arnold e Brown (1999) defendem que não se podem dissociar os aspectos afetivos da aprendizagem de seus aspectos cognitivos, porque, somente quando levadas as duas partes em consideração, estabelecem-se bases sólidas para que o processo de ensino-aprendizagem se desenvolva. Os autores consideram que, em uma sala de aula na qual se lida com o ensino de outra língua e que tem, como foco, as interações, a afetividade ocupa um papel central.

A importância dos aspectos emocionais é abordada desde Aristóteles em seu célebre livro *Ética* (apud SYSSAU, 2006), no qual se trata da retórica. Para ele, o discurso persuasivo está intimamente conectado à afetividade, uma vez que um discurso racional terá muito menos apelo que um discurso que toque emocionalmente os ouvintes. Dessa maneira, um professor que deseje realmente tocar seus alunos, não pode desprezar esse instrumento facilitador da comunicação.

Na verdade, levar em conta os aspectos afetivos nas relações educacionais permite atuar em duas frentes: propiciar um melhor processo de ensino-aprendizagem de línguas, na sala de aula, e contribuir significativamente para educar os alunos afetivamente. Isso porque um aluno que, em uma sala de ensino de línguas, encontra espaço propício para estimular suas atitudes emocionais, tais como, motivação, empatia e autoestima, irá se sentir mais preparado para agir de forma responsável rumo à transformação de sua comunidade. Assim, para que o ambiente educacional possa se constituir como uma arena em que cognição e afetividade se entrelaçam continuamente, Arnold e Brown (1999) ressaltam que o professor precisa se preocupar, tanto com a sua preparação metodológica e relativa ao conteúdo, quanto com os aspectos emocionais.

## 3.3 SUGERINDO IDEIAS

A proposta de trabalho delineada no presente capítulo baseia-se na perspectiva de ensino-aprendizagem por meio da Atividade Social (amplamente discutida no Capítulo 1 deste livro por Liberali), que consiste em trabalhar a atividade real humana na sala de aula, transformando diferentes atividades em objeto de ensino-aprendizagem.

Tomemos como exemplo a Atividade Social intitulada: "Viajar a um país anglófono" composta por diversos elementos. Os sujeitos são os turistas brasileiros no avião ou no país visitado, o agente de viagem, o motorista do ônibus, o vendedor de entrada de ponto turístico, o guia de viagem, a comissária de bordo, os habitantes e os turistas. Esses sujeitos tinham como objeto conseguir acompanhar a visita guiada, escolher uma bebida ou a comida no avião, descobrir lugares interessantes para visitar e descobrir a cidade. Esses objetos foram trabalhados por meio de instrumentos como gêneros orais e escritos (conversa na agência de viagens, visita guiada ao museu, bilhete de avião, mapa da cidade, globo, guia de viagem, filmes). As regras que balizaram as atividades foram as regras e valores para participar de uma visita guiada, de uma viagem de avião, de uma refeição no restaurante, de um pedido de informação. A comunidade consistiu na comunidade anglófona turística no país visitado. Como divisão de trabalho, houve, por exemplo, o guia se apresentando, destacando os monumentos, tentando seduzir os turistas, verificando a compreensão dos turistas, respondendo a perguntas dos turistas e esperando uma gorjeta. Os turistas, por sua vez, escolhem o monumento ou a excursão, compram o ticket da visita, acompanham (ou não) a visita, indagam, dão gorjetas ao final da visita. A imagem a seguir busca ilustrar de forma esquemática os componentes da Atividade Social a ser trabalhada por meio das performances.

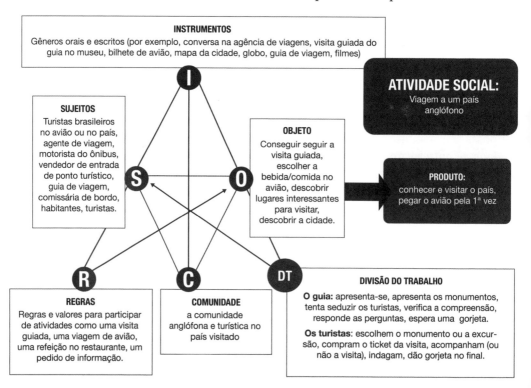

Dentro dessa perspectiva, sugiro o trabalho com essa linguagem da vida real em LE, por meio de atividades e performances não necessariamente pertencentes ao universo imediato dos alunos, mas com a linguagem real presente no mundo e que pode vir a fazer parte do universo desejado pelos alunos participantes.

Um ponto importante é pensar que, ao colocar o sujeito na performance, busca-se integrar em um só momento diversos conceitos-chave para a participação na atividade, isto é, valores, conhecimentos científicos e cotidianos, linguagem e aspectos afetivo-emocionais e que, ao fazê-lo, permite-se que os sujeitos vivenciem a atividade em sua totalidade, indo muito além de uma simples atuação de papéis. Lobman e Lundquist (2007) ressaltam que a performance é uma constante de nossa existência em sociedade, assim, nada mais importante do que inseri-la em nossas práticas pedagógicas, criando um ambiente criativo-colaborativo no qual cada um contribui para a aprendizagem dos demais.

## 3.4 PARA FINALIZAR

A proposta de trabalho de ensino de LE para adolescentes aqui apresentada é baseada na busca, em sala de aula, da união de mente e corpo e de afeto e cognição, porque é justamente no embate dessas instâncias imbricadas umas nas outras que se pode vencer os momentos de crise desse período da vida e produzir conhecimento, criando bases para novas totalidades.

Por meio da vivência de experiências cognitivas emocionalmente relevantes (perejivanie), o desejo de aprender a LE pode se tornar latente, propiciando a constituição do sujeito em duas línguas para seu desenvolvimento cognitivo, afetivo e cultural, expandindo suas formas de agir no mundo em que vive, na medida em que pode conhecer, vivenciar, para, assim, sonhar com realidades talvez ainda não vislumbradas.

Esforçar-se para criar um ambiente onde os indivíduos sejam reflexivos é um grande passo rumo à formação constitutiva dos aprendizes como seres de vontade, criativos e comprometidos com a transformação. Dessa forma, os sujeitos serão preparados para lidar com a "vida que se vive" (MARX; ENGELS, 1845-46/2006, p. 26), com seus desejos, valores, ilusões e verdades.

Talvez esse seja um caminho para a retomada do jovem como cidadão não mais desencantado com o mundo que o cerca, mas envolvido e engajado diretamente em seu desenvolvimento como sujeito social.

## SUGESTÕES DE LEITURA

AMARANTE, G. B. M. F. **Conhecer, vivenciar, desejar:** "perejivanie" no ensino em francês. 2010. Dissertação (Mestrado) – Pontifícia Universidade Católica de São Paulo, São Paulo, 2010. Disponível em: <http://www.pucsp.br/pos/lael/lael-inf/def_teses.html>.

BASSO, E. A. Adolescentes e a aprendizagem de uma língua estrangeira: características, percepções e estratégias. In: ROCHA, C. H.; BASSO, E. A. (orgs). **Ensinar e aprender nas diferentes idades:** reflexões para professores e formadores. São Paulo: Claraluz Editora, 2008. p. 115-142.

GENTILI, P.; ALENCAR, C. (2001) **Educar na esperança em tempos de desencanto.** Petrópolis, RJ: Vozes, 2007.

HIRANO, E. K. (2003). **Dificuldade de aprendizagem?** A reconstrução de identidade de um aprendiz de língua estrangeira na relação com o outro. Dissertação. (Mestrado) – Pontifícia Universidade Católica de São Paulo, São Paulo, 2003. Disponível em: <http://www.pucsp.br/pos/lael/lael-inf/def_teses.html>.

HOLZMAN, L. **Vygotsky at work and play.** New York: Routledge, 2009.

NEWMAN, F.; HOLZMAN, L. **Lev Vygotsky:** cientista revolucionário. (1993) São Paulo: Loyola, 2002.

VYGOTSKI, L. S. (1931-1933) Desarrollo de los interesses em la edad de transicíon. In: **Obras escogidas IV** – Psicología infantil. Madrid: Visor, 2006. p. 11-47.

VYGOTSKI, L. S. (1931-1933) El problema de la edad. In: **Obras escogidas IV** –Psicología infantil. Madrid: Visor, 2006. p. 251-275.

## REFERÊNCIAS BIBLIOGRÁFICAS

ARNOLD, J.; BROWN, H. D. A map of the terrain. In: ARNOLD, J. (Org). **Affect in language learning.** Cambridge Language Teaching Library. Cambridge: Cambridge University Press, 1999.

BASSO, E. A. Adolescentes e a aprendizagem de uma língua estrangeira: características, percepções e estratégias. In: ROCHA, C. H.; BASSO, E. A. (Orgs). **Ensinar e aprender nas diferentes idades:** reflexões para professores e formadores. São Paulo: Claraluz Editora, 2008. p. 115-142.

CHALITA, G. (2001). **Educação:** a solução está no afeto. Paulo: Editora Gente, 2008.

DELARI JUNIOR, A. **A "perejivanie" e distanciamento em Vigostki.** Postado pelo autor no blog "Vigotski Brasil" em 05 de março de 2009. Disponível em: <http://vigotskibrasil.blogspot.com/2009/03/experiencia-e-distanciamento-em_05.html>. Acesso em: 5 nov. 2010.

ENGESTRÖM, Y. **The future of activity theory:** a rough draft. Keynote lecture presented At the ISCAR Conference in San Diego, Sept. 8-13, 2008. This is an expanded and edited version of a chapter with the same title, to appear in 2009 in the book **Learning and expanding with activity theory**, edited by Annalisa Sannino, Harry Daniels and Kris Gutierrez (Cambridge University Press).

ESPINOSA, B. (1677) Ética: demonstrada à maneira dos geômetras. São Paulo: Martin Claret, 2005.

GENTILI, P.; ALENCAR, C. (2001) **Educar na esperança em tempos de desencanto.** Petrópolis: Vozes, 2007.

HOLZMAN, L. **Schools for growth:** radical alternatives to current educational models. New Jersey: Lawrence Erlbanun Associates, 1997, p. 45-79.

HOLZMAN, L. **Vygotsky at work and play.** New York: Routledge, 2009. Disponível em: <http://www.sbs.com.br/virtual/etalk/index.asp?cod=1114>. Acesso em: 27 fev. 2010.

LEONTIEV, A. N. (1977). **Activity and consciousness.** Disponível em: http://www.marxists.org/archive/leontev/works/1977/leon1977.htm. Acesso em: 03 de abr. 2010.

LIBERALI, F. C. **Atividade social nas aulas de língua estrangeira.** São Paulo: Moderna, 2009.

LIBERALI, F. C. **Atividade social:** uma proposta para pensar a relação escola-mundo – Parte 1, 2009. Disponível em: http://www.sbs.com.br/virtual/etalk/index.asp?cod=1114. Acesso em: 27 fev. 2010.

LOBMAN, C.; LUNDQUIST, M. **Unscripted learning:** using improv activities across the K-8 curriculum. New York/London: Teachers College Press, 2007.

MARX, K.; ENGELS, F. **A ideologia alemã:** teses sobre Feuerbach. (1845/1846). São Paulo: Centauro, 2006.

NEWMAN, F.; HOLZMAN, L. **Lev Vygotsky:** cientista revolucionário. (1993). São Paulo: Loyola, 2002.

SYSSAU, A. La cognition a-t-elle besoin de l"émotion ou n"est-elle qu"une affaire de raison? In: BLANC, N. (Org.). Émotion et cognition: quand l"émotion parle à la cognition. Paris: Éditions In Press, 2006.

VYGOTSKI, L. S. (1931-1933) Desarrollo de los interesses em la edad de transicíon. In: *Obras escogidas IV* – Psicología infantil. Madrid: Visor, 2006. p. 11-47.

VYGOTSKI, L. S. (1931-1933) El problema de la edad. In: **Obras escogidas IV** –Psicología infantil. Madrid: Visor, 2006. p. 251-275.

VYGOTSKY, L. S. (1934) **A formação social da mente.** São Paulo: Martins Fontes, 2008b.

VYGOTSKY, L. S. (1930) **Teoria e método em psicologia.** São Paulo: Martins Fontes, 2004.

VYGOTSKY, L. S.(1930) **Pensamento e linguagem.** Tradução Jefferson Luiz Camargo. 4 ed. São Paulo: Martins Fontes, 2008.

VYGOTSKY, L. S. (1934) **A construção do pensamento e da linguagem.** São Paulo: Martins Fontes, 2001.

# 4

# Ensino-aprendizagem de língua estrangeira para alunos com necessidades especiais

*José Carlos Barbosa Lopes*

É consenso hoje que o foco nas condições de ensino-aprendizagem de alunos com necessidades especiais precisa ser melhor investigado para que as propostas sejam verdadeiramente inclusivas. A literatura acerca desse tema tem aumentado, assim como o interesse e as dúvidas sobre como agir em situações de sala de aula em meio à diversidade de contextos de trabalho e suas especificidades. Não há, portanto, uma regra geral que atenda às necessidades educacionais específicas de cada grupo de alunos na escola, mas sim critérios que buscam o bem-estar do indivíduo em sociedade, de modo que desenvolva suas potencialidades para agir no mundo. Nessa direção, o termo incluir, muito utilizado nas discussões sobre alunos com necessidades especiais, será compreendido aqui como a garantia de um conjunto de mecanismos que possibilitem ao sujeito estar imerso em contextos de amplitude coletiva e, ao mesmo tempo, o preservem como um ser heterogêneo.

**Nota:** A unidade dialética inclusão-exclusão é entendida sob a ótica das condições que favorecessem ou não o pertencimento das pessoas com necessidades especiais na sociedade. Essa compreensão no processo de ensino-aprendizagem requer a proposta de condições diferenciadas de participação e apropriação do conhecimento compartilhado pela coletividade.

No âmbito escolar, mais especificamente nas investigações em Língua Estrangeira (LE), o processo de inclusão é desencadeado pela criação de espaços em que a linguagem ultrapassa uma perspectiva puramente comunicativa, permitindo ao sujeito negociar sentidos, compartilhar o conhecimento produzido sócio-historicamente em determinada cultura e oferecendo oportunidades de participar ativamente em contextos variados. A interação humana, por meio da linguagem, pressupõe uma relação intencional e criativa do homem em transformar a realidade na qual está inserido e a si mesmo. Sendo assim, observa-se a importância de potencializar as formas de apropriação e expressão em LE dos alunos com necessidades especiais, a partir de práticas de ensino fundamentadas numa perspectiva linguístico-discursiva da linguagem.

Atrelada a essa concepção de linguagem, a ação do professor de LE deve também estar embasada em práticas pedagógicas adequadas ao público alvo. Os documentos oficiais e diretrizes da educação básica enfatizam uma mudança, na estrutura e cultura da escola atual, quando esse espaço garante o atendimento de todos os alunos, consolidando o direito à educação de qualidade e à implementação de políticas públicas em combate à exclusão social. Os procedimentos para o trabalho com as necessidades especiais exigem formação contínua do professor de modo que, sendo um parceiro mais experiente na relação de ensino-aprendizagem de LE, busque meios de articular os usos da linguagem com as capacidades em desenvolvimento dos alunos e, por que não, projetar possibilidades de ação futura.

Este capítulo traz, então, alguns apontamentos do ponto de vista das relações de ensino-aprendizagem em LE para o trabalho com as necessidades especiais. O objetivo não é oferecer receitas do que fazer, mas contribuir com a elaboração de propostas em que os recursos da linguagem acionados na LE promovam o intercâmbio sociocultural dos indivíduos envolvidos em sua historicidade local e global. Espera-se que a prática, na sala de aula de LE, estabeleça vínculos com as situações da vida cotidiana e desmistifique o estigma da deficiência e da incapacidade que tanto aprisionam os alunos com necessidades especiais. Essa perspectiva entende, em outras palavras, que o caminho para o desenvolvimento humano está em conhecer, confrontar e reconstruir a realidade imediata, tendo em vista a superação daquilo que ainda é restrito para modos diferentes de participação social.

## 4.1 ALUNOS COM NECESSIDADES ESPECIAIS: BREVES CONSIDERAÇÕES

O pontapé inicial da prática pedagógica para alunos com necessidades especiais encontra sua base no caráter qualitativo das transformações que ocorrem de maneira evolutiva nos seres humanos e variam entre eles, dadas as suas peculiaridades. Cabe, assim, compreender o desenvolvimento de novas habilidades, isto é, um processo de ensino-aprendizagem distinto que precisa ser explorado com o aluno no intuito de estabelecer zonas de conflito e novas formas de lidar com a realidade. A partir do reconhecimento da ação diferenciada, o aluno é impulsionado a construir sua identidade e a desenvolver funções mentais direcionadas para suas possibilidades de se relacionar com o mundo social, ao invés de focalizar sua dificuldade física.

É importante destacar que não se descartam os limites que vigoram nessa relação. Ao lidar com aspectos particulares e complexos de alunos com necessidades especiais, vale salientar que não se trata simplesmente de uma questão de "força de vontade" do indivíduo ou um fator negativo devido à "deficiência". O valor das funções de adaptação e participação social torna-se adequado e relevante, quando está organizado de acordo com as necessidades apresentadas e quando favorece o desenvolvimento. Se o desenvolvimento, por sua vez, estiver atrelado aos fatores psicológicos que influenciam a construção de uma "identidade positiva", ou seja, da percepção das habilidades que estão ao alcance do indivíduo, sua ação não será isolada, mas situada num espaço social de diferenças que se relacionam e se completam.

> **Nota:** Vygotsky utilizou o termo defectologia em seu estudo sobre os problemas teórico-práticos que se apresentam na relação biológica e psicológica do desenvolvimento humano. Muito distante da ideia negativa que o termo pode causar atualmente, Vygotsky discutiu que o desenvolvimento de indivíduos diferentes implica investigar suas características distintas e não "bases numéricas" que classificam quem é mais ou menos normal de acordo com determinados padrões.

De maneira contrária, o indivíduo primeiramente interpreta sua condição como um aspecto negativo justamente por estar, na maioria das vezes, imerso num contexto sem referências e de valor social inferior comparado aos que o rodeiam. Surgem desse modo, vários "rótulos" que marcam a representação dos outros sobre o "eu" e do "eu" sobre si mesmo. O impacto dessas consequências sociais no indivíduo tido como "deficiente" está nas construções psicológicas que definem sua individualidade e suas ações no processo de adaptação. Por essa razão, é imprescindível considerar a constituição do ser humano como um todo complexo e multifacetado, mas sempre visto em relação ao "outro" ou aos outros fatores que o (trans) formam como tal, num movimento evolutivo e dinâmico. Os valores atribuídos aos indivíduos são, portanto, construídos a partir de aspectos biológicos, psicológicos e sociais que incidem direta ou indiretamente na constituição do ser tais aspectos têm implicações importantes no processo de ensino-aprendizagem de LE.

## 4.2 POR QUE O ENSINO-APRENDIZAGEM DE LE PARA ALUNOS COM NECESSIDADES ESPECIAIS?

Com base nessas colocações, o processo de ensino-aprendizagem de LE constitui-se como um objetivo educacional de intensificar a participação sócio-discursiva em atividades práticas. Trata-se de ampliar o conhecimento individual, com base no conhecimento socialmente desenvolvido pelo engajamento em atividades da vida diária, sejam elas profissionais, acadêmicas, de entretenimento, entre outras. Dito de outra forma, trata-se de orientar a ação discursiva do usuário de LE, em esferas sociais que promovam seu vínculo social. Por isso, mais do que uma disciplina no currículo escolar, aprender uma LE pressupõe o estabelecimento de conexões interdisciplinares e contextuais, dentro e fora da escola.

O envolvimento com atividades cotidianas suscita a necessidade de encontrar formas de apropriação do mundo, em oposição ao conhecimento estático e descontextualizado que, muitas vezes, impede a formação do sujeito. A busca por novos instrumentos ligados à produção material da vida humana só é possível pela linguagem das relações entre os indivíduos e da constituição da consciência. A LE, nesse viés, configura-se como um meio de constituição da prática social que intensifica o desenvolvimento de capacidades de ação nos próprios indivíduos.

Imerso na situação enunciativa, o usuário da LE terá de se organizar discursivamente para lidar com recursos culturais além de estabelecer um conjunto de relações consistentes, intencionais e mediadoras da atividade humana para transformar sua vida no mundo. Esse movimento dinâmico de apropriação e domínio de funções gera a expansão de sua atividade para o plano coletivo e criativo do desenvolvimento, uma concepção de sujeito com possibilidades de escolha. A LE para alunos com necessidades especiais proporciona a oportunidade de ir além da situação imediata, por melhores condições de vida e independência.

Esse avanço qualitativo nos modos de agir requer políticas públicas que favoreçam uma participação mais ativa das pessoas com necessidades especiais como maior número de ingressantes no ensino superior, oportunidades de trabalho entre outras iniciativas propostas nas leis de acessibilidade, ainda em fase de adaptação, mas que tendem a explorar a formação global do ser humano. Situados no tempo e no espaço, o indivíduo e a sociedade irão se deparar com a necessidade de criar alternativas adequadas para que se relacionem e superem práticas de segregação e fracasso. A LE, nessa perspectiva, irá agregar novos conhecimentos às formas de agir na vida.

## 4.3 PROPOSTA: ENSINO-APRENDIZAGEM DE INGLÊS PARA ALUNOS SURDOS

Com base nas ideias apresentadas até aqui, uma proposta de trabalho com alunos surdos, por exemplo, requer uma organização linguístico-discursiva diferente nas situações de ensino-aprendizagem em inglês. A Língua Brasileira de Sinais (Libras) constitui-se como língua cujo valor semiótico estrutura o pensamento e todo o processo simbólico de produção de sentidos de interlocutores surdos. Nesse contexto, a articulação do discurso envolve os recursos expressivos do corpo na materialização da língua e a constituição da percepção e processamento visual dos surdos nas interações de uma determinada situação enunciativa. Trata-se, portanto, do uso de uma língua de modalidade visual para a aprendizagem de uma LE oral escrita.

No contexto da educação de surdos, o desenvolvimento de capacidades de linguagem precisa considerar a participação do surdo no mundo como sujeito multilíngue. Isso implica dizer que, no caso dos surdos brasileiros, o inglês como LE é também a terceira língua seguida do Português, segunda língua, e da Libras como língua materna. É importante lembrar que essa não é uma realidade de todos os surdos, tendo em vista que muitas histórias de letramento não contemplaram práticas bem-sucedidas em Libras ou Língua Portuguesa, de modo que a constituição do sujeito surdo bilíngue é ainda uma conquista de poucos.

Os trabalhos que discutem o ensino de inglês para surdos, exploram o texto como uma unidade de sentido cuja organização composicional se estrutura em elementos verbo-visuais e extratextuais que o vinculam a um gênero específico em cada uma das esferas de comunicação verbal. Tal preocupação tem relevância particular nessa comunidade discursiva pelo fato de organizarem o processo interativo, a partir de elementos visuais na situação enunciativa e na configuração da própria Libras. A produção de sentidos, por assim dizer, compreende o estabelecimento de interlocuções num plano essencialmente visual, a combinação dos signos linguísticos específicos de cada língua e a articulação com

**Nota:** Atualmente várias são as ações afirmativas que buscam regulamentar os direitos das pessoas com necessidades especiais e visam acabar, gradativamente, com as situações de preconceito que os afastam do convívio social. Alguns exemplos dessas ações oficiais no País são a Lei de Acessibilidade (2004), Pessoas com Deficiência e o Direito ao Concurso Público (2006) e a Política Nacional de Educação Especial na Perspectiva da Educação Inclusiva (2007).

**Nota:** Uma proposta de ensino-aprendizagem de inglês para alunos surdos pressupõe o uso da Libras mais do que uma língua de instrução, mas aquela em que os surdos organizam suas formas de pensar e se relacionar com o mundo numa perspectiva visual. Esse aspecto diferenciado não anula a aprendizagem de outras línguas. Ele reitera a diversidade de formas de organização dos sujeitos para agir em sociedade e a necessidade de articulação de espaços e mecanismos de intercâmbio social com qualidade para todos.

o conhecimento construído na experiência de vida dos indivíduos.

Para exemplificar, a atividade de ler notícias online é uma alternativa que suscita a articulação multidisciplinar de conteúdos e o desenvolvimento de habilidades potencialmente significativas para acessar, compreender, investigar e agir na sociedade. Os alunos têm a possibilidade de confrontar pontos de vista sobre assuntos diversos em voga e (re)formular suas próprias opiniões no desenvolvimento da competência discursiva em inglês.

Para isso, a sequência didática proposta precisa partir de uma conversa com os alunos sobre sua relação com a atividade de leitura. Questões sobre como, quando, onde, o quê e para quê leem, podem compor um quadro de contextualização da atividade de ler para entretenimento, formação de opinião, apropriação de novas informações entre outras formas apontadas pelos alunos a partir de suas vivências. Pensando nos alunos surdos, essa reflexão é muito importante pelo fato de terem acesso à maioria das produções culturais por meio da atividade de leitura realizada em outra língua, seja ela língua portuguesa ou língua inglesa.

Fonte: http://www.bbc.co.uk/news/world-latin-america-12189712

O texto a seguir auxilia no warm up dessa aula:

Antes da leitura do artigo sobre as enchentes no Estado do Rio de Janeiro, a contextualização da esfera de circulação desse texto é importante para que se perceba a legitimidade da publicação. Essa etapa da atividade de leitura num site de notícias está relacionada à identificação da fonte da notícia, representatividade do site e atualização de informações. Para o leitor, essas características só estão bem definidas, quando cria um elo quase que de fidelidade ao site, mas até aí, alguns elementos discursivos precisam validar a confiança depositada como a estrutura composicional, adequação da linguagem e recursos verbo-visuais que preservam o conteúdo publicado.

Dessa forma, algumas questões para orientar esse olhar durante a leitura seriam:

- *Quais sites de notícias vocês navegam? Por quê?*

- Como ele está organizado?

- Quais informações podem ser encontradas?

- Quais assuntos você tem maior interesse ao navegar no site?

- Qual o caminho para encontrar essas informações?

- Você conhece o site _____?

- Quais assuntos são abordados nele?

- Como estão agrupados?

- Há palavras recorrentes que auxiliam a navegação? Quais?

- Qual sua função?

- Quem é o público-alvo do site?

- Quem são os responsáveis pelo conteúdo publicado?

- Quem são as empresas filiadas? Por quê?

Tendo clareza desses aspectos, os alunos irão lidar com seu conhecimento de mundo e inferência para acessarem o site em Inglês e observarem os assuntos discutidos em cada link, os tipos de propaganda veiculados, os interlocutores, as características de sua estrutura e os textos que lá circulam. A base para o trabalho com os recursos da linguagem que constituem esse espaço de variedade de produções textuais viabiliza a aprendizagem da LE. À medida que transferem essas relações combinatórias entre línguas, há não só um enriquecimento de repertório linguístico, mas também engajamento discursivo para argumentar, aproximar-se de pessoas e realidades espalhadas pelo mundo.

Em seguida, a atividade é direcionada para a notícia:

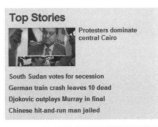

Fonte: http://www.bbc.co.uk/news/world-latin-america-12189712

> **Nota:** A discussão realizada para compreender o texto em sua materialidade linguística e discursiva desencadeia um agrupamento de sentidos dos leitores, ou seja, um conteúdo temático. Esse processo dinâmico incide na produção de conhecimento do grupo sobre o texto, sua articulação com questões do cotidiano local ou global e, de maneira ampla, compartilhar da diversidade de práticas e posicionamentos sociais dentro e fora da sala de aula.

Com base no que foi discutido anteriormente, os alunos já terão várias informações que irão compor a leitura da notícia. A exploração da imagem e do título do texto, se articulada com aquilo que os alunos já sabem sobre o assunto por outros meios de comunicação, contribui com a produção de sentidos acerca do fato e o levantamento de hipóteses dos aspectos lexicais e linguísticos em Inglês. Tendo em vista que se trata de uma catástrofe, toda a carga semântica relacionada aos efeitos da ação do homem na natureza e as mudanças climáticas que desencadearam o fato serão suscitadas no processo de compreensão crítica da leitura. É importante enfatizar o valor da discussão em Libras para o aprofundamento das questões do texto durante a leitura por meio de perguntas que extrapolem o que está explícito.

Outra atividade de experiência com a internet bastante comum é o acesso às redes sociais. Apesar de ser possível encontrar versões em português do conteúdo publicado nas redes sociais, seria interessante navegar nas páginas em inglês para que os alunos percebessem que já conhecem a estrutura composicional (layout) dos sites, a organização discursiva e seus efeitos de sentido no tempo e espaço. Esses recursos da linguagem garantem uma vantagem na compreensão dos textos em inglês por meio de inferências, cognatos e elementos verbo-visuais. Há ainda a opção de ter acesso a um número maior de usuários e informações espalhadas pela web sem restrições decorrentes de não saberem a língua.

Observe o texto a seguir e algumas perguntas para a discussão inicial:

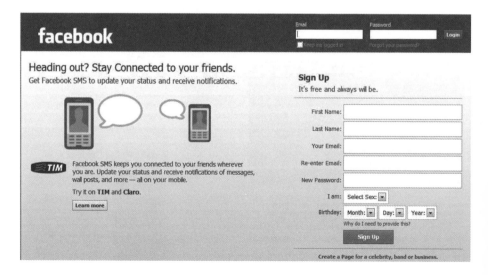

*Capítulo 4* Ensino-aprendizagem de língua estrangeira para alunos com necessidades especiais 77

*- Você conhece esse site? Qual seu conteúdo?*

*- Você participa de alguma rede social? Por quê?*

*- Quais informações você inclui em seu perfil? Por quê?*

*- Quem são seus contatos?*

*- Qual o tipo de relação entre as pessoas numa rede social?*

*- Qual o tipo de linguagem utilizada? Em quais situações?*

*- Quais as vantagens e desvantagens de uma rede social? Explique.*

Os alunos então são questionados como e por que motivo publicar informações pessoais de acesso público na internet e identificam as informações necessárias para se filiar ao site, a partir da estrutura da página principal em inglês, estabelecendo relações com os elementos verbo-visuais já conhecidos. O contato com os textos que circulam nessa esfera discursiva favorecesse a leitura e produção em LE, de forma contextualizada e que instiga o aperfeiçoamento do que se sabe numa língua a partir da aprendizagem de outra. Outro ponto importante seria colocar em questão os impactos da ação discursiva no espaço virtual para a vida diária, apontado em filmes como *A rede social* e noticiado pela mídia.

*Banner de divulgação do filme A Rede Social (The Social Network).*
*Fonte: http://daphnemaia.sg/2010/10/13/the-social-network-a-movie-review/*

Outra atividade muito realizada pelos surdos é o uso de mensagens de texto via celular. Considerando a situação de aprendizagem de LE, essa atividade traz ainda a discussão das formas de estreitar vínculos entre pessoas no dia a dia, sejam elas surdas, ouvintes, falantes de línguas diferentes, amigos, clientes e empresas entre outros. Participar dessa atividade por meio de uma LE implica, portanto, um salto qualitativo das interações por envolver outras esferas e interlocutores da vida diária e, por que não dizer, objetivos que fogem das restrições imediatas da atividade prática vivenciada até então.

Algumas perguntas que podem guiar a discussão em Libras sobre o contexto de produção da atividade são:

- *Quais são os usos do celular para você?*

- *Quem são seus contatos?*

- *Em quais situações você utiliza mensagens de texto (torpedos) para contactá-los?*

- *Como são escritas essas mensagens? Por quê?*

- *Quais ferramentas dependem do uso do inglês?*

Essa discussão inicial permite que os alunos reconheçam a prática social em questão, decorrente de suas experiências nesse contexto interativo. Assim, por contar com essas referências, os alunos tendem a estabelecer parâmetros para as novas formas de produção da atividade em Inglês. As situações de aprendizagem precisam exemplificar o uso real da língua como forma de exposição e apropriação do conhecimento construído culturalmente ao longo da história. Veja a seguir um tipo de proposta para a atividade de uso do celular:

*Você e um amigo americano se encontram e conversam a respeito de uma festa à qual gostariam de ir, mas ainda não têm certeza se será possível. Vocês, então, combinam de se falar depois, para confirmar. Hoje, você recebe a seguinte mensagem de seu amigo:*

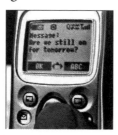

Fonte: http://blog.thenationalcampaign.org/pregnant_pause/2009/04/the-rule-of-text.php

*Ele quer saber se:*

a)   *a festa é amanhã.*

b)   *vocês vão à festa amanhã.*

c)   *você vai à festa sozinho.*

d)   *você sabe o horário da festa amanhã*

A partir da leitura desse tipo de texto em contextos diferentes, os alunos terão condições de vivenciar a situação, produzindo suas próprias mensagens de acordo com a finalidade, a estrutura composicional, os interlocutores e os recursos linguístico-discursivos adequados. O objetivo é que não haja uma mera decodificação do texto em Libras ou em português, mas que, envolvidos numa atividade cotidiana, os alunos levantem hipóteses sobre a ação imediata em inglês e criem novas formas de agir, por meio da atualização de repertório e recursos da linguagem disponíveis.

**Nota:** Na lista de sugestões de leitura, há a indicação de uma pesquisa em LE com alunos cegos e uma publicação que reúne outros trabalhos nessa área. Os autores discutem a viabilidade das ações até então desenvolvidas e alertam sobre a importância de serem criadas novas propostas que reconheçam o direito de todas as pessoas à educação e à cultura com qualidade.

Outro tipo de exercício que poderia compor a atividade de uso do celular seria:

*What are you going to do after you've seen the following information on your cell phone?*

A)          B)

Fonte: http://www.bized.co.uk/current/mind/2006_7/190207.htm

a) *Change your cell phone battery.*

b) *Read a new text in your inbox.*

c) *Talk to someone calling you.*

d) *Turn off the alarm clock.*

e) *Show your cell phone functions.*

O processo de ensino-aprendizagem de inglês com surdos, portanto, deve considerar a diversidade linguístico-discursiva desse grupo em Libras, português e inglês. Isso não quer dizer que necessariamente a experiência de aprendizagem em inglês tenha de transitar pelo português, mas considerando essa última como a língua em que se materializam grande parte das ações dos surdos brasileiros em sociedade, há uma relação positiva de interdependência. Pensando no letramento desse aluno, a mediação da Libras na aprendizagem da LE é essencial para que tenha condições de lidar com as exigências da sociedade atual e uma maneira de participar de outros contextos discursivos, em que a(s) língua(s) proporciona(m) uma expansão das possibilidades de agir na realidade imediata e futura.

## 4.4 PARA FINALIZAR

De modo geral, o processo de ensino-aprendizagem de LE tende a incluir alunos com necessidades especiais quando promove situações desafiadoras e adequadas ao grupo no intuito de transformar suas condições de vida. A língua passa a ter um valor sociocultural de produção de conhecimento que estreita a distância entre saber e poder e viabiliza o desenvolvimento humano pela participação ativa em atividades coletivas. A implementação de melhorias nas práticas pedagógicas direcionadas a esses alunos tem as novas tecnologias como aliadas no avanço qualitativo das ações em sala de aula. Um contexto desejável de ensino-aprendizagem de LE com cegos, por exemplo, teria como suporte os recursos da audiodescrição para o acesso ao material semiótico de base visual como filmes, sites e situações em que as vivências se apoiam no uso de imagens. Cabe ao professor, em colaboração com a equipe escolar, levantar as necessidades específicas de seu grupo e traçar um plano de ação que assegure o desenvolvimento humano em sua diversidade.

## SUGESTÕES DE LEITURA

LIBERALI, F. **O trabalho com atividade social no ensino de línguas** – parte I. Palestra online para SBS. 2009 a.Disponível em: <http://www.sbs.com.br/virtual/etalk/index.asp?cod=1114>.

LODI, A. C. B. **A leitura como espaço discursivo de construção de sentidos:** oficinas com surdos. 2004. Tese (Doutorado) –Pontifícia Universidade Católica de São Paulo, São Paulo, 2004.

LOPES, J. C. B. **Leitura em inglês com surdos:** possibilidades. 2009. Dissertação (Mestrado em Linguística Aplicada e Estudos da Linguagem) – Pontifícia Universidade Católica de São Paulo, São Paulo, 2009.

MOTTA, L. M. V. M.; FILHO, P. R. **Audiodescrição:** transformando imagens em palavras. São Paulo: Secretaria dos Direitos da Pessoa com Deficiência do Estado de São Paulo, 2010.

VYGOTSKY, L. S. The fundamental problems of defectology. (1929). In: **The collected works of L. S. Vygotsky.** v. 2. New York: Plenum Press, 1993. Disponível em: <http://www.marxists.org/archive/vygotsky/works/1929/defectology/index.htm>. Acesso em: 15 fev. 2007.

## REFERÊNCIAS BIBLIOGRÁFICAS

BAKHTIN, M. (VOLOCHINOV). (1929). **Marxismo e filosofia da linguagem:** problemas do método sociológico na ciência da linguagem. São Paulo: Hucitec, 2006.

CAMPELLO, A. R. S. **Aspectos da visualidade na educação de surdos.** 2008. Tese (Doutorado) – Universidade Federal de Santa Catarina, Florianópolis, 2008.

LIBERALI, F. C.; SHIMOURA, A.; ZINNI, A. M.; FIDALGO, S. S. **Orientações curriculares:** proposição de expectativas de aprendizagem – Ensino Fundamental II - língua inglesa. São Paulo: Secretaria Municipal de Educação/DOT, 2007.

LIBERALI, F **Atividade social nas aulas de língua estrangeira.** São Paulo: Moderna, 2009.

LODI, A. C. B. **A leitura como espaço discursivo de construção de sentidos:** oficinas com surdos. 2004. Tese (Doutorado) – Pontifícia Universidade Católica de São Paulo, São Paulo, 2004.

LOPES, J. C. B. **Leitura em inglês com surdos:** possibilidades. 2009. Dissertação (Mestrado em Linguística Aplicada e Estudos da Linguagem) – Pontifícia Universidade Católica de São Paulo, São Paulo, 2009.

MOTTA, L. M. V. M. **Aprendendo a ensinar inglês para alunos cegos e com baixa visão:** um estudo na perspectiva da teoria da atividade. 2004. Tese (Doutorado) – Pontifícia Universidade Católica de São Paulo, São Paulo, 2004.

SOUSA, A. N. **Surdos brasileiros escrevendo em inglês:** uma experiência com o ensino comunicativo de línguas. 2008. Dissertação (Mestrado em Linguística Aplicada) – Universidade Estadual do Ceará, Fortaleza, 2008.

VYGOTSKY, L. S. The fundamental problems of defectology. In: **The collected works of L. S. Vygotsky.** v. 2 . New York: Plenum Press, 1929/1993. Disponível em: <http://www.marxists.org/archive/vygotsky/works/1929/defectology/index.htm>. Acesso em: 15 fev. 2007.

_____. **A construção do pensamento e da linguagem.** São Paulo: Martins Fontes, 1934/2001.

# 5

# Compreensão escrita em língua estrangeira

*Rosinda de Castro Guerra Ramos*

É sabido que aprendizes de língua inglesa no país raramente têm oportunidade de falar essa língua em suas vidas cotidianas, mas podem precisar dela para compreender o cabedal de informações que se encontra exclusivamente em língua estrangeira, tanto aquelas veiculadas em material impresso ou na Internet. É também a habilidade que possibilita ao aluno, em seus estudos futuros, ter acesso a novas informações de suas áreas de especialidade, ou ainda, aquela que o ajuda a desempenhar inúmeras tarefas no campo profissional. Logo, aprender a compreender textos escritos em língua estrangeira é uma das habilidades comunicativas que tem lugar no dia a dia dos alunos e, portanto, merecedora de atenção quando se trata de ensinar língua estrangeira. Além disso, é aquela, dentre as habilidades comunicativas a ser ensinadas, que mais rapidamente e facilmente permite ao professor utilizar material autêntico com os alunos, oportunizando assim que eles interajam, desde os estágios iniciais de aprendizagem da língua, com exemplos de língua real, isto é, aquela que possui características linguístico-discursivas da língua alvo.

A compreensão escrita em língua estrangeira, pode ser tratada em sala de aula como meio e/ou com um fim em si mesma, ou seja, ela pode ser a habilidade a ser desenvolvida como meio de aprendizagem da língua, e/ou como uma habilidade que precisa ser desenvolvida para que os indivíduos tenham a competência necessária para o desempenho de inúmeras tarefas de estudo ou

> **Habilidades comunicativas:** é a expressão escolhida nos Parâmetros Curriculares Nacional de Língua Estrangeira para referir-se a compreensão escrita e oral e a produção escrita e oral.

> **Compreensão escrita:** é o termo agora usado para referência ao que comumente chamamos de leitura ("reading") para evitar que se associe esse termo ao conceito mais tradicional de leitura, entendida apenas como um ato de codificação e decodificação e que, portanto pressupõe que compreensão e/ou interpretação não fazem parte desse processo.

de trabalho. Em geral, o que mais vemos acontecer, em sala de aula de língua estrangeira, é a utilização dessa habilidade como meio, isto é, ela é utilizada como insumo linguístico para que o aluno aprenda a língua estrangeira. Esse tratamento dado a ela é bastante conhecido do professor de línguas e pode ser explicado por, pelo menos, dois motivos.

O primeiro deles, encontra eco nas metodologias de ensino mais tradicionais que, em geral, preconizam o uso do texto como pretexto para ensinar a língua.

O segundo, porque ela se mostra fonte de insumo linguístico de fácil acesso para o professor, diferentemente, por exemplo, da produção e/ou compreensão oral, deixando-se, então, de lado o fato de ela poder ser trabalhada com um fim em si mesma.

Logicamente, esses dois tratamentos têm seu lugar nas práticas de sala de aula, mas, neste capítulo, fazemos questão de lidar com a compreensão escrita em língua estrangeira como uma habilidade com fim em si mesma. Esse é um tratamento que foi negligenciado na história do ensino-aprendizagem de língua estrangeira no país e, por conseguinte, requer um olhar mais cuidadoso e apurado para que essa possa ser compreendida além da dimensão do aprendizado exclusivo de vocabulário (palavras) e gramática (estruturas), e possa auxiliar o aluno a perceber que a língua é "viva" e, consequentemente, seu uso é necessariamente ligado aos muitos afazeres do mundo cotidiano.

### 5.1 O QUE É COMPREENSÃO ESCRITA?

Para que o professor possa lidar adequadamente com o desenvolvimento da compreensão escrita com fim em si mesma, em sala de aula, é preciso ter conhecimento do que está envolvido nesse processo. Podemos dizer que um traço característico dessa habilidade é que o interlocutor não está "fisicamente" presente, mas se mostra ao leitor nas marcas linguísticas que deixou no texto, cabendo, portanto, ao leitor "interagir", por meio delas, com o escritor. Consequentemente, esse, que é um processo interacional, o qual requer que o leitor retire informações do texto e a combine com informações e expectativas que ele já possui. Essa interação de informação é uma forma comum de se explicar a compreensão escrita. Entretanto, esse é um processo muito mais complexo ainda.

Hoje, é comumente aceito que a habilidade de compreensão escrita envolve um processo que demanda várias operações mentais, é a busca constante de sentido (coerência) pelo leitor que reconstrói a mensagem codificada pelo autor em linguagem gráfica, usando simultaneamente informações de seu conhecimento prévio, acionando estratégias determinadas por fatores diversos, para atingir seu objetivo principal – a compreensão de texto. Em outras palavras, refere-se a uma macro-habilidade que envolve um processo interno que acaba se concretizando na compreensão do texto, isto é, o processo pelo qual o leitor constrói uma representação interna satisfatória do significado do texto. Essa habilidade envolve o processamento ascendente (*bottom-up*) e descendente (*top-down*) do texto. É a operação simultânea desses dois processamentos que auxilia o leitor na tarefa de compreensão.

Além disso, outros elementos são necessários para a realização desse processo. Um deles, o conhecimento de mundo (experiências/conhecimentos anteriores), possibilita ao leitor criar hipóteses sobre os significados que vai construindo e fazer ligações necessárias com o que já sabe previamente. Trata-se do conhecimento do assunto (grau de familiaridade do leitor com o tema) que auxilia na antecipação das informações, nas possíveis inferências que se faz durante a leitura e do conhecimento da estrutura textual, importantíssimo para se entender como a informação está organizada no texto. Trata-se ainda do conhecimento sistêmico (noções grafônicas, léxico-gramaticais, semânticas e retóricas) que auxilia o leitor a confirmar e/ou formular hipóteses, estabelecer relações coesivas e semânticas, e do conhecimento pragmático e cultural (usos, experiências, valores, crenças etc.) que ajudam a conceber a compreensão como fruto de prática social, produto de um determinado tempo, história e cultura.

**Bottom-up:** o processamento descendente parte do geral para o específico. É ele que possibilita ao leitor selecionar informação textual para confirmar suas hipóteses e predições sobre o texto.

**Top-down:** processamento ascendente parte do específico para o geral, ou seja, o leitor parte de símbolos visuais e extrai significado de palavras, orações/sentenças, parágrafos e do texto todo.

Vejamos um exemplo:

SPAGHETTI CHEESE

**Ingredients:**

14 oz spaghetti

2 oz butter

2 oz flour

18 fl.oz. milk

Salt and pepper

6 oz cheddar, grated

**Preparation Method**

1. Bring a large pan of heavily salted water to the boil, add the spaghetti and cook for 8 minutes or until just tender.

2. Melt the butter in a pan, add the flour and cook for 1-2 minutes. Gradually add the milk, little by little, stirring all the time and cook gently until the sauce thickens.

3. Remove from the heat and stir in the cheese, salt and pepper.

4. Drain the spaghetti well. On a large bowl, mix together the spaghetti and the cheese sauce.


Para que o leitor compreenda esse texto é necessário que tenha familiaridade com o assunto – comida – que é acionado ao encontrar o título "spaghetti cheese". Nesse momento, provavelmente, ele aciona suas experiências de vida e pode começar a criar hipóteses sobre essa temática. Ao mesmo tempo, é preciso também que ele esteja familiarizado com diferentes modos de como esse assunto pode ser tratado no cotidiano para que possa reconhecer esse texto como um exemplo do universo culinário que se materializa, nesse caso, em forma de receita culinária. Além disso, precisar saber como a informação se apresenta em receitas (estrutura textual) e, no caso desse texto, um exemplo de receita que circula hoje, em geral, no mundo ocidental (conhecimento pragmático cultural). Com essas informações, ele pode processar esse texto e elaborar um quadro representacional, dando coerência e formulando hipóteses para a construção da compreensão, ou seja, ele já vai prevendo que as primeiras informações são os "ingredientes", seguidas do "modo de fazer". Junta-se a esses conhecimentos, o sistêmico. Por exemplo, os números ordinais, as formas e significados que se referem aos ingredientes ("milk", "spaghetti", "cheese"), o modo como as sentenças estão construídas (forma imperativa que indica "instrução") os pesos que acompanham os números e, novamente, nesse caso, a familiaridade que se precisa ter com o fato de que esse modo de referenciar é de outra cultura que não a sua. É importante ressaltar que, apesar dos comentários aqui apresentados terem descrito uma determinada "sequência" de elementos, a elaboração da compreensão não é linear e nem necessariamente acontece em uma determinada ordem. Por exemplo, é possível que, antes de ver o título, o leitor tenha "batido o olho" no texto e o reconhecido como receita culinária pelo seu formato e assim por diante.

Em suma, a compreensão escrita é um processo complexo e, portanto, demanda do aprendizado especificidades tais como, familiaridade com variedades de texto, reconhecimento de palavras, desenvolvimento de vocabulário, consciência da estrutura textual, leitura estratégica, entre outros. Entretanto, a exemplificação apresentada aqui já nos mostra caminhos que podem ser usados em práticas pedagógicas que preparam o aluno para o desenvolvimento da compreensão escrita com um fim em si mesma.

Como podemos, então, pensar em trabalhar com alunos que, em geral, são aprendizes principiantes da língua estrangeira? É o que veremos a seguir.

## 5.2 ABORDANDO A COMPREENSÃO ESCRITA

Em primeiro lugar, é preciso lembrar que nosso aluno está aprendendo a ler em uma língua estrangeira (inglês), mas já é um leitor em língua materna. Isso é de grande ajuda na aprendizagem de leitura em outra língua, e mais, uma língua que pertence à família das línguas românicas, o que já garante conhecimentos de ordem gráfica, morfológica e de semelhanças de forma e significado (os cognatos, por exemplo). Portanto, esse conhecimento é primordial para os contatos iniciais com a língua.

Segundo, sabemos que aprendemos a ler, lendo. Portanto, é necessário que o aluno seja exposto a textos, preferencialmente, autênticos, de diferentes tamanhos, adequados ao seu conhecimento, interesse e a experiências de leitura diversificadas, para que esse desenvolvimento aconteça e, principalmente, para que o aluno possa perceber nesse aprendizado que a leitura tem funções que estão inseridas nas práticas sociais cotidianas.

Terceiro, estabelecer metas realistas para que se alcance sucesso nesse desenvolvimento. Logo, o trabalho de compreensão escrita com o aluno iniciante implica, por um lado, motivá-lo para essa empreitada e, para tal, é preciso que se conte inicialmente com o interesse e com os conhecimentos que o aluno já possui. Soma-se a isso, o estabelecimento do nível de compreensão que se deseja alcançar: geral de pontos principais e/ou detalhada. No caso dos alunos iniciantes deve-se priorizar a compreensão geral, visto que o conhecimento sistêmico da língua estrangeira ainda está em construção.

O estabelecimento do nível de compreensão, por sua vez, tem relação direta com o acionamento de objetivos de leitura e no caso da meta de ensinar a compreender com um fim em si mes-

---

**Compreensão geral:** refere-se a uma leitura rápida do texto para entender sua ideia central, em outras palavras, sobre o que o texto fala; qual o assunto tratado.

**Compreensão de pontos principais:** envolve identificar as ideias principais contidas em um texto. Para tanto, este nível de leitura exige um pouco mais de atenção por parte do leitor, a fim de que este consiga captar as afirmações ou argumentos do autor.

**Compreensão detalhada:** requer atenção do leitor para praticamente todos ou quase todos os detalhes de um texto.

mo, é preciso que as atividades de sala de aula também contemplem objetivos que geralmente estabelecemos no dia a dia, tais como, ler para entretenimento (por exemplo, uma história, uma charge, um quadrinho); ler para obter informação (por exemplo, saber sobre o placar do campeonato de futebol, o que a chuva do dia anterior causou na cidade, o que aconteceu na novela etc); ler para execução de alguma tarefa (por exemplo, preenchimento de um formulário na internet, uso de um jogo, levantar dados para um projeto escolar); para estudo (por exemplo, aprender vocabulário, entender novos conceitos, ideias, procurar evidências para seus próprios pontos de vista).

Deve-se lembrar ainda que podemos ler um mesmo texto com diferentes propósitos. Por exemplo, quando lemos o jornal pela manhã nós o folheamos rapidamente, para ficar a par do que acontece no mundo. Podemos, por outro lado, nos deter numa notícia para obter informações mais detalhadas sobre um determinado acontecimento. Esses objetivos, por conseguinte, farão com que os níveis de compreensão requeridos sejam diferentes, assim como demandarão diferentes tipos de estratégias e habilidades. Essa é uma atividade que o professor também precisa explorar em sala com seus alunos.

Vejamos como isso pode funcionar na prática:

Atividade A

Explorando diferentes níveis de compreensão

Objetivos: Conscientizar o aluno sobre para que lemos (objetivos) e como lemos (níveis de compreensão), para que ele possa, mesmo contando com pouco conhecimento sistêmico, buscar rapidamente um entendimento do assunto do texto e extrair informações mais detalhadas desse assunto, compartilhando com os colegas elementos que os auxiliaram nessa tarefa.

1º passo: Escolha uma notícia de uma revista ou jornal. Essa seleção precisa ser feita, tendo em mente que o assunto deve ser conhecido e que o texto escolhido traga também elementos visuais, para que o aluno possa contar com eles para compreender o texto.

2ª passo: Inicie a atividade perguntando para os alunos que texto é esse, onde ele aparece/circula, se eles têm familiaridade com ele, explore o layout (formato) do texto e outros elementos que explorem o conhecimento de mundo dos alunos, buscando saber sobre o que trata a notícia (por exemplo, a construção de um novo estádio na cidade). Vá tomando notas no quadro até que a resposta esperada apareça.

**3º passo:** Retome a atividade, reiterando que elementos eles usaram para poder compreender o assunto do texto. Vá pontuando que, ao ler com o objetivo de saber sobre o que é a notícia, é imprescindível que se conheçam os elementos levantados, visando à compreensão satisfatória do texto. Indique também que esse é um dos possíveis níveis de compreensão de leitura que usamos no dia a dia e dê exemplos de atividades que fazemos no cotidiano e nas quais lemos em nível de compreensão geral. Explique que esse é o que comumente chamamos de geral.

**4º passo:** A seguir, diga para os alunos que a tarefa deles é buscar mais informações sobre o assunto (por exemplo, a construção). Oriente os alunos a ler individualmente o texto e peça que tomem nota dos dados que conseguiram levantar do texto sobre o assunto, anotando, em outra coluna ao lado, que recursos (linguísticos, gráficos, visuais) utilizaram para entender esses dados. A seguir, peça que cada um compare esses dados com um colega para verificar que recursos utilizaram e que dados encontraram. Caso surjam diferenças, essas devem ser acrescentadas às notas de cada um.

**5º passo:** Faça uma discussão geral com a sala, anotando no quadro os dados levantados pelos alunos (por exemplo, é possível aparecer no caso do exemplo, local, razões da construção, quanto tempo, quem financia etc.) e, ao lado desse levantamento, os recursos que eles usaram. Levando em consideração esses dados e recursos, explique que, nessa etapa, a leitura foi mais detalhada e que esse então é um nível de compreensão diferente do inicial, chamado de pontos principais. Explique também que o que ocasionou essa diferença foi a mudança de objetivo proposto para eles. Aproveite para indicar que recursos foram usados, a mais do que na primeira leitura, para que eles pudessem compreender o texto. Ressalte também que as semelhanças e diferenças de levantamento de dados e recursos que apareceram devem-se ao fato de se compartilhar, ou não, os diferentes conhecimentos (grau de familiaridade com "notícias", grau de conhecimento sistêmico etc.) e interesses, ressaltando que a leitura, na vida real, ocorre conforme esses moldes.

Além do que foi dito até aqui, são também componentes essenciais para o desenvolvimento da compreensão escrita, em estágios iniciais, os seguintes itens:

**Skimming:** é uma das estratégias de leitura que implica em passar os olhos pelo texto, sem ler cada sentença ou cada palavra para entendê-lo, procurando a ideia geral, o "eixo" do texto e, depois, escolhemos se queremos saber mais detalhes. Essa técnica consiste em localizar rapidamente informações específicas no texto: por exemplo, datas, algum fato que lhe interessa, nomes, etc.

**Scanning:** é uma estratégia que consiste em localizar rapidamente informações específicas em um texto, por exemplo, uma data, algum fato de interesse, um nome etc.

### ATENÇÃO

*Ao fazer esta escolha, use textos de suporte diferente, por exemplo, capa de revista, primeira página de um jornal, receita culinária, uma noticia de jornal, um horóscopo, tirinhas, instrução de jogos ou de aparelhos eletrônicos, uma página de entrada de um site, um trecho de um conto de fadas, uma poesia, um mapa do Google, verbete de dicionário etc.*

- familiarização com a diversidade de textos (gêneros) que rodeiam nossa vida social e escolar;
- a seleção do que é relevante para o propósito escolhido;
- utilização de todas as características do texto: títulos, layout, dicas tipográficas;
- skimming para conteúdo e significado;
- scanning para informação específica;
- a predição, inferência e adivinhação de palavras;
- reconhecimento e aprendizagem de vocabulário;
- identificação de padrões organizacionais;
- uso de marcadores coesivos e discursivos;
- compreensão das relações inter e intrassentenciais;
- identificação de ideias principais e das que dão suporte a elas, bem como de exemplos;
- processamento e avaliação da informação durante a leitura;
- transferência ou uso de informação durante ou após a leitura.

Considera-se que um dos primeiros desafios que o professor enfrenta em sala de aula é fazer com que seus alunos fiquem motivados para aprender a língua estrangeira e, em especial, para ler. Por isso recomenda-se que se lance mão de atividades com "skimming" e "scanning", pois ajudam o aluno a decidir quando deve ler ou não um determinado texto, ou quais partes demandam uma leitura mais cuidadosa. Em outras palavras, essas estratégias facilitam o entendimento de um texto, quando fazemos uma leitura em nível de compreensão geral. Além disso, a vantagem de seu uso é que elas são de curta duração e, em geral, não são difíceis para alunos principiantes na língua, podendo trazer senso de realização que deriva da possibilidade de ter feito uma tarefa com sucesso na língua estrangeira. Oferecem também um modo econômico de encorajar os alunos a perceber o contexto da língua que eles irão, subsequentemente, estudar mais a fundo.

Entretanto, para que essas atividades ajudem os alunos a compreender que esse é um aprendizado de compreensão escrita com fim em si mesmo, é recomendado que o professor estabeleça um tempo para a execução dessas atividades, utilizando textos autênticos e longos, diferentemente do que se faz na perspectiva de aprender essa habilidade como meio, porquanto evitará que o aluno, pela quantidade de texto que se apresenta à sua frente, tenda a querer ler palavra por palavra, na crença de que esse é o meio para dar sentido ao texto em língua estrangeira.

## 5.3 O QUE HÁ DE NOVO NO ENSINO DE COMPREENSÃO ESCRITA EM LÍNGUA ESTRANGEIRA

Com os desenvolvimentos recentes na área de análise do discurso, de análise textual e de pesquisas de leitura em língua estrangeira, os conhecimentos sobre os processos de leitura foram enriquecidos. Hoje, recomenda-se que os alunos de língua estrangeira tirem proveito não só do uso das estratégias de leitura, como vinha sendo feito em décadas passadas, mas também do mapeamento do texto por meio do levantamento das estruturas textuais e de suas respectivas funções. Além desses novos elementos, a noção de gênero, embora de forma mais lenta, também tem sido incorporada ao ensino de leitura em língua estrangeira. Isso significa, portanto, que o tratamento dado, tanto ao texto quanto ao ensino-aprendizagem de estratégias de leitura, precisa ser reformulado e visto sob uma nova perspectiva.

> Noção de gênero : o gênero pode ser entendido como um evento comunicativo com um ou mais propósitos comunicativos, altamente estruturado e convencionalizado, reconhecido e mutuamente compreendido pelos membros da comunidade em que ele rotineiramente acontece. Entende-se que ele opera dentro de um espaço textual, discursivo, estratégico e sociocultural.

Trabalhar com a concepção de gêneros possibilita olhar o texto de uma forma mais ampla, isto é, em seu contexto social de circulação, proporcionando que se discuta seu propósito, a quem ele se dirige, crenças e valores institucionais que são nele marcados.

Essa perspectiva proporciona ao professor tratar o texto juntamente com suas características linguísticas, contextuais e socioculturais. Em outras palavras, o aprendizado dos traços linguísticos é feito dentro do contexto de suas funções no texto, sinalizando para o aluno que texto, gramática e vocabulário não são elementos separados, como se faz em abordagens de ensino mais tradicionais. Além disso, possibilita aos alunos observar que esse aprendizado tem íntima ligação com as tarefas que ele executa por meio da língua na vida real. Desse modo, quando o professor selecionar os gêneros a serem usados em sala de aula e os propósitos das atividades de compreensão escrita a ser realizadas pelos alunos, deverá, também, levar em consideração quais habilidades e estratégias serão necessárias para a execução dessas tarefas.

Para colocar isso em prática e mobilizar os alunos para ler na língua estrangeira, uma possibilidade é proporcionar aos alunos um contato com uma variedade de textos que possa incitá--los a refletir sobre seus propósitos, onde circulam, suas funções sociais, em que práticas do dia a dia estão inseridos. Ao mesmo tempo, a atividade deve proporcionar aos alunos a sensação de sucesso ao seu término.

Vejamos, a seguir, um exemplo de atividade que explora essa questão:

Atividade B

Explorando gêneros na sala de aula

**Objetivos**: proporcionar aos alunos um contato com gêneros que circulam em diferentes suportes (revistas, jornais, livros, internet e outros) para que sejam capazes de reconhecer as características gerais de cada um, fazendo uso de conhecimento de mundo e do conhecimento que trazem da língua materna para atribuir sentido aos textos. Acionar estratégias de "skimming", "scanning", uso de elementos tipográficos, visuais, organização textual e palavras cognatas e conhecidas para compreensão dos textos. Refletir sobre o processo de compreensão e conscientizar-se dos vários conhecimentos envolvidos nesse processo.

**Preparação**: Selecionar mais ou menos 11 gêneros diferentes. Nessa etapa de aprendizagem, recomenda-se que a escolha recaia preferencialmente em gêneros com os quais os alunos tenham familiaridade na língua materna, que tratem de situações da vida cotidiana e de atualidades e que, de preferência, sejam acompanhados de elementos visuais e/ou gráficos e de variação tipográfica.

**1º passo**: Use uma atividade inicial para familiarizar a classe com o tipo de tarefa que será requisitada posteriormente. Distribua um texto que seja um exemplar de gênero que você julga familiar aos alunos. Comece a atividade propondo aos alunos que examinem o texto para levantar e tomar nota das informações pedidas. As informações que eles devem procurar são referentes a que texto/gênero é esse; de onde ele pode ter sido tirado (suporte); elementos (sistêmicos, textuais, discursivos) que caracterizam esse texto. Para facilitar as anotações, apresente o seguinte esquema:

Título do texto:
De onde foi tirado:
Características:
Gênero:

**2º passo**: Discuta com os alunos as respostas que deram e esclareça dúvidas que os alunos tiveram ou venham a ter em relação à tarefa. Nessa primeira atividade, os alunos já terão reconhecido que esse é um gênero conhecido como notícia.

> **ATENÇÃO**
>
> *Ao fazer esta escolha, use textos de suporte diferente, por exemplo, capa de revista, primeira página de um jornal, receita culinária, uma notícia de jornal, um horóscopo, tirinhas, instrução de jogos ou de aparelhos eletrônicos, uma página de entrada de um site, um trecho de um conto de fadas, uma poesia, um mapa do Google, verbete de dicionário etc.*

**3º passo:** Para que eles compreendam o suporte e onde esse texto circula, ou em outras palavras, entendam que esse é um dos textos inseridos em nossas práticas sociais, volte ao mesmo texto e discuta com a classe as seguintes perguntas: Para quem o texto foi escrito? (audiência). Vocês gostam ou leem textos como esse? Por quê? Qual é o assunto desse texto? Vocês já leram (ou viram) textos como esse em português? Quando? Por quê? Dê exemplos. E em inglês? Quais diferenças/semelhanças vocês acham que pode haver nos textos em outras línguas? Por quê? Ao levantar as características do gênero notícia, que recursos tipográficos, visuais, linguísticos vocês usaram? Vocês precisaram ler o texto todo (palavra por palavra) para retirar as informações que foram pedidas? Durante o questionamento, destaque para os alunos que esses componentes ajudam a reconhecer o gênero em estudo e que para compreender em nível geral, esses elementos são necessários para executar esse tipo de compreensão. Mostre para os alunos que o que fazemos em língua materna também é feito em língua estrangeira. Durante a atividade, observe se todas essas perguntas podem ser usadas ou se precisam ser modificadas, ou ampliadas, dependendo da classe.

**4º passo:** distribua os 10 gêneros para a sala. Divida os alunos em pequenos grupos. Proponha que os alunos examinem esses textos e anotem informações sobre cada um deles. Forneça o seguinte esquema:

Título do texto:
De onde foi tirado:
Assunto principal:
Para quem foi escrito:
Características:
Gênero:

**5º passo**: Conscientização e reflexão sobre a tarefa. Faça uma discussão com a classe sobre semelhanças e diferenças entre esses gêneros. Anote as respostas no quadro para que, ao final da atividade, os alunos compreendam que esses componentes (propósito, audiência, suporte, características) são traços que identificam um determinado gênero. Retome a atividade para verificar os resultados a que a classe chegou e também para que os objetivos de reconhecimento e familiarização com os diversos gêneros fiquem claros. Norteie a discussão com as seguintes questões: qual é a audiência e onde podem ser encontrados? Que informações podem ser encontradas? Circulam e/ou são veiculados nos mesmos lugares? Por quê? Quem lê esses textos e por que leem? Esse é um gênero que muita gente usa ou não? Por quê? Por que as pessoas leem esses textos. Para que as pessoas escrevem esses textos? Se você quisesse ler algum desses gêneros mais a fundo, que informações você gostaria de obter? Que conhecimento de língua você precisaria para ajudar nessa tarefa?

Para que os alunos possam também fazer uma reflexão sobre os diferentes tipos de conhecimento (sistêmico, textual, de mundo), estratégias e habilidades que precisaram utilizar, discuta com eles as seguintes perguntas: o que vocês fizeram para executar essa tarefa? Que elementos utilizaram para compreender e levantar as características de cada gênero? O que ajudou a fazer essa tarefa (por exemplo, o layout do texto; palavras conhecidas; cognatos; o assunto etc.)? Que dificuldades vocês encontraram ao fazer a tarefa? Há problemas em relação a como abordar o texto? Há problemas com a língua?

> Nota: Esse exemplo pode ser usado com qualquer série do Ensino Fundamental II. Para classes mais avançadas (7ª ou 8ª séries), os textos podem ser reusados posteriormente para que se explore a compreensão em nível de pontos principais, fazendo um levantamento dos componentes da estrutura textual de cada gênero.

É importante ressaltar que esse fechamento possibilitará aos alunos avaliar o que conseguiram fazer com mais facilidade ou dificuldade e para que finalidade fizeram essa tarefa. Ao mesmo tempo, propicia ao professor avaliar quais gêneros são mais ou menos familiares para os alunos; que graus de dificuldade apresentam em relação ao processo de leitura e/ou de conhecimento linguístico que precisam ser mais bem trabalhados com a classe.

## 5.4 PARA FINALIZAR

As sugestões apresentadas podem ser utilizadas com todas as turmas do Ensino Fundamental II. O que varia é o grau de profundidade que se requer da atividade, isto é, para as séries iniciais, as atividades têm de ser elaboradas, contando com o conhecimento de língua materna e de mundo que o aluno possui para garantir que, ao executar as tarefas, o aluno tenha o sentimento de sucesso para caminhar para atividades que demandarão maiores conhecimentos e, nesse sentido, aquelas que trabalharão com o aprendizado da língua. Isso posto, vale lembrar que o trabalho apresentado, colocado em prática, possibilita o entendimento de que o texto não tem só a função de ser um meio para o aprendizado da língua, mas é também um meio para aprender compreensão escrita com um fim em si mesma, ou seja, entender que essa atividade tem uma função social e está inserida nas práticas cotidianas, que aprender a compreender em língua estrangeira é o meio que habilita buscar informações, desempenhar tarefas que rodeiam a vida do dia a dia, encaminhando esse aprendizado para o empoderamento das práticas letradas.

## SUGESTÕES DE LEITURA

CORACINI, M. J. (Org). **O jogo discursivo na aula de leitura:** língua materna e língua estrangeira. 2. ed. Campinas: Pontes, 2002.

DAVIES, F. **Introducing reading.** London: Penguin English, 1995.

GRELLET, F. **Developing reading skills:** a practical guide to reading comprehension exercises. New York: Cambridge University Press, 1981.

KLEIMAN, A. **Leitura:** ensino e pesquisa. 2. ed. Campinas: Pontes. 2004.

MASUHARA, H. Materials for developing reading skills. In: TOMLINSON, B. (ed.). **Developing materials for language teaching.** London: Continuum, 2003. p. 340-363.

NUNAN, D. **Second language teaching & learning.** Boston: Heinle & Heinle, 1999.

NUTTALL, C. **Teaching reading skills in a foreign language.** London: Heinemann Educational Books, 1982.

RAMOS, R. C. G. Gêneros Textuais: Proposta de Aplicação em Cursos de Língua Estrangeira para Fins Específicos. **The ESPecialist,** v. 24; n. 2, p.107-129, 2004

## REFERÊNCIAS BIBLIOGRÁFICAS

BROWN, H. D. **Teaching by principles:** an interactive approach to language pedagogy. 2. Ed. San Francisco State University: Longman, 2001. p. 13-53.

Eskey, D. (2005). Reading in a second language. In E. Hinkel (Ed.) **Handbook of research in second language teaching and learning** (pp. 563–580). Mahwah, NJ: Erlbaum.

GRABE, W.; STOLLER, L. F. Teaching and researching reading. In: HINKEL, E. (ed.) **Handbook of research in second language teaching and learning.** New Jersey: Lawrence Erlbaum. 2005. p. 563- 579.

GRABE, W.; STOLLER, L. F. Reading for academic purposes: guidelines for the ESL/EFL teacher. In: CELCE-MURCIA, M. (ed.) **Teaching English as a second or foreign language.** Boston: Heinle & Heinle, 2001. p.187-203.

RAMOS, R. C. G. **Estratégias usadas por falsos principiantes na leitura de textos acadêmicos em inglês.** 1988. Dissertação.(Mestrado em Linguística Aplicada e Ensino de Línguas) – LAEL/Pontifícia Universidade Católica de São Paulo, São Paulo, 1988.

WALLACE, C. Reading. In: CARTER, R.; NUNAN, D. (eds.) **The cambridge guide to teaching English to speakers of other languages.** Cambridge: Cambridge University Press, 2001. p. 21-27.

WEINSTEIN, G. Devoloping adult literacies. In: CELCE-MURCIA, M. (ed.) **Teaching English as a second or foreign language.** Boston: Heinle & Heinle, 2001. p.171-186.

WRIGHT, M.; BROWN, P. Reading in a modern foreign language: exploring the potential benefits of reading strategy instruction. **Language Learning Journal,** n. 33, 2006. p. 22-33.

# 6

# Produção oral e performance: uma forma de aprender novas formas de pensar e agir no mundo

*Andrea Vieira Miranda-Zinni & Sarah Weiler*

Aprender uma segunda língua envolve todas as habilidades: ouvir, falar, escrever e ler, mas é frequente observar que as aulas de língua estrangeira têm um grande foco em compreensão escrita e pouco trabalho com produção oral. Se considerarmos o conceito de mundo globalizado e o papel do Brasil, hoje em dia, como um poder emergente no mundo, o significado de se comunicar em uma segunda língua, e, principalmente, falar inglês, a língua franca do momento atual, toma um nível ainda mais importante e urgente. Falar inglês permite a comunicação com pessoas do mundo inteiro que usam inglês para participar em várias Atividades Sociais da vida real. Quando a Copa do Mundo ou as Olimpíadas vierem para o Brasil, os cidadãos estarão preparados para receber os estrangeiros do mundo todo utilizando inglês? Para desenvolver relações com outras pessoas do mundo por meio dos novos modos de comunicação na Internet, como o Skype, para discutir, conversar e debater com outros alunos do mundo inteiro, os alunos brasileiros precisam melhorar os habilidades orais e aprender como se colocar na língua inglesa. Também para melhorar a autoestima dos alunos, é importante investir e acreditar no potencial que eles têm para se comunicar em inglês, começando com o falar.

Mas como trabalhar com o desenvolvimento dessa habilidade, num contexto em que pouco se tem oportunidade de participar de situações reais do exercício dessa língua? Muitos professores utilizam o argumento de que é preciso dar ênfase a outras habilidades primeiro, para poder depois inserir um trabalho com a produção oral. O estudo das práticas de ensino que desenvolvem a produção oral não pode desconsiderar a relação entre os componentes da modalidade oral (compreensão oral – listening e produção oral – speaking) e da modalidade escrita (compreensão escrita – reading e produção escrita – writing). Nesse capítulo, apresentaremos a produção oral (speaking) como foco, porém lançaremos mão de exemplos que envolvam as outras modalidades uma vez que compreendemos que não podem ser consideradas de forma estanque, elas se relacionam o tempo todo, quando consideradas em contextos reais de produção, o que faz parte da perspectiva de linguagem à qual nos referimos nessa publicação.

Na perspectiva sócio-histórico-cultural (VYGOTSKY, 1935), o indivíduo é um ser que age num mundo social, histórico e culturalmente construído. Essa relação do ser humano com o ambiente não é unilateral, com uma adaptação desse ser ao meio ambiente que permanece imutável. Ao contrário, ele seleciona seu ambiente e ao responder a ele, de uma maneira própria, o usa com o propósito de dar suporte aos seus processos (MEAD, 1934, apud MARKOVÀ, 1990), isso faz com que esse ambiente se torne também diferente pela ação do sujeito. Com isso, pode desenvolver melhores maneiras de atuar e interagir no mundo, mostrando-se um ser social, que tem necessidades e interesses que podem ser privilegiados pelo processo de ensino-aprendizagem, em função das características sócio–histórico-culturais do momento em que vive.

Um dos conceitos fundamentais dessa perspectiva é o de que a ação humana é mediada por instrumentos que estão à sua disposição por meio da participação nos contextos sociais (LANTOLF; APPEL, 1994; WERTSCH, 1990; DONATO, 2000). Segundo Bakhtin (1979, p. 279) "todas as esferas da atividade humana, por mais variadas que sejam, estão sempre relacionadas com a utilização da língua", assim pode-se concluir que o uso da língua pode ser concebido por meio da participação das pessoas em contextos sociais de vida real e que a aprendizagem da língua se dá por meio do uso da linguagem para interagir significativamente com o outro. Na teoria de Vygotsky (1935), sobre aprendizagem e desenvolvimento, discute-se a aprendizagem como sendo, também, uma forma de socialização entre indivíduos e, não somente, um processo de informação executado por apenas um indivíduo (DONATO, 2000). Essa concepção ressalta, ainda, a importância de trazer a realidade do aluno, um ser social, à sala de aula, focalizando seu trabalho na interação, que considera o ensino-aprendizagem como um processo social, histórico e cultural (VYGOTSKY, 1933).

*A linguagem humana é entendida como diferente de "outros sistemas de comunicação de uma maneira fundamental: ela não é apenas resultado da evolução biológica, mas, também, de um desenvolvimento sócio, histórico e cultural" (MARKOVÀ, 1990, p. 16).*

A perspectiva sócio–histórico-cultural[1] "enfatiza a natureza dinâmica do inter-jogo entre professores, alunos e tarefa, trazendo uma visão de aprendizado que se dá pela interação com os outros" (WILLIAMS; AND BURDEN, 1997, p. 43), em um contexto específico, já que há o reconhecimento da importância do ambiente no qual ocorre o aprendizado, fazendo parte de um processo dinâmico e intermitente. O conhecimento passa a ser objeto da necessidade e interesse do aluno, visando à sua atuação no momento e no mundo em que este vive. Vygotsky (1935), em sua abordagem essencialmente holística, rejeita a visão de que o aprendizado e, consequentemente, o conhecimento, podem ser divididos em subcomponentes e ensinados como itens e habilidades discretas.

[1]: É importante lembrar que os autores Williams & Burden discutem o ensino-aprendizagem à luz da perspectiva sócio-interacionista, que se organiza dentro de uma perspectiva mais ampla de construção de um sujeito inserido num contexto sócio, histórico e culturalmente construído.

É importante lembrar que, dentro dessa visão de ensino--aprendizagem, os aprendizes constroem suas próprias representações de mundo de acordo com sua aprendizagem, utilizando--se, de uma maneira individual, das estratégias e habilidades que aprenderam, e a forma como o fazem sofre influência social, histórica e cultural (WILLIAMS; BURDEN, 1997).

Ao professor cabe uma função que, segundo Williams & Burden (1997, p. 65), "inclui ensinar a aprender, aumentar a confiança dos aprendizes, motivar, mostrar o seu interesse pessoal, ampliar auto-estima e organizar um ambiente apropriado para o aprendizado", função essa de mediação da construção conjunta dos saberes para poder, com a aprendizagem, antecipar o desenvolvimento. Além dessas funções, o professor pode ser capaz de dirigir a atenção dos seus alunos para os processos que estes estão passando durante a aprendizagem, ajudá-los a perceber como eles aprendem e, por meio da mediação, buscar transferir o controle do aprendizado aos alunos (WILLIAMS & BURDEN, 1997).

## 6.1 COMO DESENVOLVER ENSINO-APRENDIZAGEM DE PRODUÇÃO ORAL?

**Situação concreta de comunicação:** faz-se necessário levar em conta aspectos que, segundo Brait (1999, p. 195), "constituem o diálogo e que nele interferem diretamente: quem é o outro a que o projeto de fala se dirige?; quais são as intenções do falante com a sua fala, com a maneira de organizar as sequências dessa fala?; que estratégias utilizam para se fazer compreender, compreender o outro e encaminhar a conversa de forma mais adequada?; e como levar o outro a cooperar no processo?".

**Quadro participativo:** é observado por meio da quantidade de participantes, diretos ou indiretos, e de seus papéis desempenhados na situação de comunicação (KERBRAT-ORECCHIONI, 1996).

**Atividades Sociais:** segundo Liberali (2009, p. 12), são atividades realizadas "por sujeitos que se propõem a atuar coletivamente para o alcance de objetos compartilhados que satisfaçam, mesmo que parcialmente, suas necessidades particulares".

Para discutir o trabalho a ser desenvolvido para o ensino-aprendizagem de produção oral, é necessário um levantamento da situação concreta de comunicação na qual os participantes, os interlocutores, estão envolvidos. Nesse sentido, precisamos definir, com os estudantes, o quadro participativo.

Essas situações de comunicação são diretamente ligadas aos textos orais e escritos, utilizados nas Atividades Sociais, como uma conversa para pedir e dar informações entre atendentes no museu e os visitantes na Atividade Social "Visitar um museu". Os estudantes podem interagir, assumindo esses papéis e criando um museu próprio na sala de aula. Esse exemplo será expandido em mais detalhes na explicação do conceito de performance, uma abordagem vygotskiana de ensino-aprendizagem.

Os participantes desse processo interacional, os interlocutores, atuam como parceiros, cooperando e revezando-se no papel ora de ouvintes e ora de falantes, ora sujeitos interpretantes, ora sujeitos comunicantes, que interagem parcialmente na construção do sentido do outro, definindo a interação como negociação de sentido (BRAIT, 1999, p. 206).

Para o desenvolvimento de tarefas de produção oral é preciso considerar alguns aspectos relevantes. É importante possibilitar oportunidades de produzir oralmente, apesar de parecer óbvio, muitas das tarefas envolvem um tempo muito grande de produção do professor. A participação precisa ser equilibrada, ter como objetivo dar chance à maioria dos participantes para fazer suas contribuições. A motivação para participação precisa ser considerada, os estudantes precisam estar interessados no tópico a ser discutido, ter algo novo a ser dito ou querer contribuir para atingir o objetivo proposto.

A tarefa precisa envolver o uso de linguagem que pode ser produzida pelos estudantes com um nível aceitável de acuidade, de forma a ser compreendida e relevante à participação. A utilização do trabalho em grupo possibilita um aumento do tempo de produção além de diminuir a inibição dos estudantes que não se sentem à vontade para falar em frente ao grupo todo da sala de aula. É possível que o professor não consiga supervisionar todas as produções dos estudantes, assim, há a possibilidade de que nem todas as falas apresentem total acuidade, ocasionalmente ocorrerá utilização de língua materna e alguns enganos, porém responsabilizando o grupo para contribuir com o desenvolvimento do processo de ensino-aprendizagem de todos os participantes, o saldo ainda se mostra positivo. A escolha cautelosa da tarefa e do tópico, apresentando clareza do propósito de discussão, instruções objetivas constroem um ambiente de participação e podem favorecer a utilização da língua alvo.

Há diversos tipos de tarefas que podem ser utilizados para o desenvolvimento da produção oral em sala de aula, discutidos por autores como Douglas Brown (2001): a imitação e drilling, produção responsiva, diálogo transacional, produção extensiva e dialogo interpessoal. Na próxima seção, esses tipos de tarefas serão vistos dentro da perspectiva vygotskiana de brincar, principalmente considerando as definições de Holzman sobre brincar livre, brincar com regras e brincar teatral ou performance.

## 6.2 PERFORMANCE

A performance é uma maneira de trabalhar com produção oral de uma forma lúdica, criativa e contextualizada, aproximando o máximo possível da vida real. Performance é uma maneira de repensar as práticas de ensino-aprendizagem que contemplam um constante processo de produção criativa que dá ênfase à externalização dos conhecimentos científicos e cotidianos em situações de vida real. Segundo Holzman, performance vem do conceito vygotskiano de brincar em que "a imaginação, que liberta, e as regras, que limitam" são importantes para o desenvolvimento (HOLZMAN, 2009). Holzman classifica brincar em brincar livre, brincar regrado e brincar teatral ou performance. O brincar livre tem as características de uma situação imaginária em que os participantes assumem um papel fantasiado e as regras são criadas simultaneamente com a brincadeira. Um exemplo de brincar livre é a brincadeira de mamãe-filhinho. O brincar regrado se refere aos jogos com regras preestabelecidas, como xadrez ou futebol, em que a brincadeira tem regras explícitas que dominam as ações. Brincar teatral, ou performance, envolve aspectos da brincadeira livre e da brincadeira regrada. Performance tem a situação imaginária e os papéis fantasiados de brincar livre, mas as regras podem ser uma mistura de regras preestabelecidas e regras que são criadas no desenvolvimento da performance. Há performances mais improvisadas em que as regras nascem durante a performance, mas, mesmo assim, há as regras básicas de "improv" ("unscripted performances") de aceitar as ofertas dos outros e construir em cima delas, que não

---

**O brincar livre:** uma situação imaginária em que os participantes assumem um papel fantasiado e as regras são criadas simultaneamente com a brincadeira.

**O brincar regrado:** jogos com regras pré-estabelecidas, como xadrez ou futebol, em que a brincadeira tem regras explícitas que dominam as ações da brincadeira.

**Brincar teatral, ou performance:** envolve aspectos da brincadeira livre e brincadeira regrada. Tem a situação imaginária e os papéis fantasiados de brincar livre, mas as regras podem ser uma mistura de regras preestabelecidas e regras que são criadas no desenvolvimento da performance.

**Performances mais improvisadas:** as regras nascem durante a performance, mas, mesmo assim, há as regras básicas de "improv" ("unscripted performances") de aceitar as ofertas dos outros e construir em cima delas, que não pode desconsiderar.

**Performances mais estruturadas:** com algumas regras que dominam a situação imaginária como diálogos entre os participantes ou os conteúdos desses diálogos, como uma peça no palco de um teatro ("scripted performance").

podem ser desconsideradas como o programa norte-americano de "Whose Line Is It Anyway?". Por outro lado, tem performances mais estruturadas, com algumas regras que dominam a situação imaginária, como diálogos entre os participantes ou os conteúdos desses diálogos, como uma peça no palco de um teatro ("scripted performance").

A performance, a partir das definições de Holzman, ajuda a pensar na produção oral dos alunos em contextos de ensino--aprendizagem de inglês como uma segunda língua. Trabalhar com performances na sala de aula pressupõe que os alunos têm de produzir inglês em sua participação, tomando uma posição ativa. Lois Holzman, uma especialista em Vygotsky e em performance escreve:

> *Brincar, entendido como performance, é uma maneira de ser o que você não é. Performance, entendido como algo que se desenvolve, e a criação de quem você é e quem você não é. O desenvolvimento, entendido como uma atividade relacional, envolve uma criação contínua de fazer (ZPDs) em que um faz uma performance do "eu" por meio da incorporação do " outro" (Lois Holzman, 1997, p. 73).*

Esse "quem eu sou" que pode ser um aluno, alguém que não fala uma segunda língua com fluência, etc. pode transformar em "quem eu posso ser", um consumidor crítico de cultura por meio de "Visitar um museu", um ser bilíngue que consegue participar ativamente no mundo globalizado de hoje em dia. A performance é uma maneira poderosa de transformar o processo de ensino--aprendizagem de algo decorado, chato, difícil, em algo vivenciado, divertido e tangível. Os alunos brincam de ser algo que não são e, nesse processo, aprendem novas formas de pensar e agir no mundo, inclusive produzir uma segunda língua.

O foco nesse artigo são performances que possibilitam a vivência de Atividades Sociais, ou situações da vida real, em que o trabalho da língua considera o contexto de produção, organização textual e aspectos linguísticos de textos orais e escritos. Dentro dessa abordagem, a língua é trabalhada como algo integrado, não isolado, em que as posições sociais de cada participante, o lugar e tempo da interação, o tratamento do conteúdo do texto de cada participante e o objetivo do texto, tem de ser vivido para que as escolhas discursivas e linguísticas sejam interconectadas ao contexto de produção do texto e à Atividade Social em que ele está inserido.

Por meio de performances, os alunos vão produzir a língua de forma oral e escrita, o que é essencial para criar ZPD e ir além das possibilidades atuais. Segundo Vygotsky,

> *as brincadeiras criam uma zona de desenvolvimento proximal para a criança. Nas brincadeiras, a criança sempre se comporta além da idade, em cima do comportamento diário; nas brincadeiras, ele consegue ir além do que ele é (VYGOTSKY, apud HOLZMAN, 2009).*

Nos momentos de externalização, ou produção, os pontos a investir, de acordo com os objetivos de ensino-aprendizagem, aparecem mais.

Com a performance em sala de aula, os alunos dão suporte um para o outro para criar uma ZPD coletiva em que uns ajudam os outros e todos têm de ampliar os conhecimentos, construindo conjuntamente a performance. Nas performances, os alunos criam algo em conjunto, negociando sentidos na externalização da produção e o que está sendo internalizado no processo criativo de desenvolvimento.

## 6.3 PERFORMANCE DE ATIVIDADE SOCIAL "VISITAR AO MUSEU": CONSTRUINDO REPERTÓRIO

Para exemplificar de forma didática, será utilizado o exemplo de Atividade Social "Visitar ao museu". O primeiro passo do professor de língua é apresentar uma introdução da Atividade Social, analisando exemplos de pessoas participando em momentos e lugares diferentes da atividade, por meio de histórias, notícia, cenas de filmes, músicas etc. Os alunos podem analisar aspectos do contexto de produção e aspectos discursivos e linguísticos. Os alunos assistem a cenas dos filmes "Uma noite no museu I", "Uma noite no museu II", exploram livros sobre visitas a museus e discutem sobre uma apresentação em PowerPoint preparada pela professora sobre museus. Nesse momento, o professor trabalha com o contexto de produção da Atividade Social (quem, quando, onde, por que, como participa na Atividade Social). A interação na sala de aula que o professor propõe usa produção responsiva (BROWN, 2001), em que as produções orais ocorrem em respostas a questionamentos do professor ou de outros estudantes, ou até mesmo em resposta a comentários de outros colegas.

A professora, nessa aula, apresenta questões sobre contexto de produção para os alunos e eles discutem em grupos. Para os estudantes realmente participarem dessa conversa, se colocando com respostas elaboradas e bem pensadas, é importante que o professor pense que linguagem ele tem, como objetivo, para a produção oral dos estudantes e que tenha sido planejada com antecedência, sendo explicitamente trabalhada na sala de aula. O professor questiona os estudantes sobre o tipo de linguagem que eles podem utilizar para chegar às respostas, colocando as ideias na lousa. Discute as sugestões deles para chegar a estruturas como: In my opinion… /In my point of view... Depois, os alunos conversam em grupos pequenos para compartilhar e registrar as respostas das questões, utilizando a linguagem de foco para essa conversa com possibilidades de ir além da utilização dos recursos linguísticos que têm no momento. Isso seria outro momento de brincar regrado, ou seja, uma situação dominada por regras preestabelecidas.

## 6.4 PERFORMANCE DE ATIVIDADE SOCIAL "VISITAR AO MUSEU": "UNSCRIPTED" PERFORMANCE

Este primeiro passo no planejamento cria uma base de repertório para os alunos sobre a atividade e os textos que fazem parte dele. Depois disso, os alunos criam uma primeira performance dessa atividade em que podem mobilizar os conhecimentos prévios para vivenciar os papéis na atividade de interação utilizando textos orais e/ou escritos envolvidos na atividade, que serve como um avaliação diagnóstica para os professores e alunos. Baseados nos exemplos estudados, os papéis e os aspectos da atividade são definidos pela professora e pelos estudantes. Os estudantes têm a responsabilidade de organizar os espaços. Eles se vestem e usam adereços ("props") que eles e a professora trazem para a sala de aula para a performance.

Em um exemplo real, em uma situação de ensino-aprendizagem em sala de aula, os estudantes organizaram o museu com os objetos que eles trouxeram para a aula, como fósseis, bichos de pelúcia, livros etc., em espaços separados, de acordo com a maneira em que eles juntaram ou separaram as mesas e cadeiras da sala de aula. Os estudantes ficaram bem envolvidos em trazer coisas de casa para utilizar no museu da sala de aula. Eles também ficaram empolgados para incorporar os papéis para a performance. Na primeira performance, eles assumiram os papéis de guarda de segurança, atendente na mesa de informação e visitantes. Todos os estudantes experimentaram todos os papéis ao longo da performance. Os estudantes agiram na atividade sem intervenção da professora. A professora iniciou a performance falando, "Ok, let's start organizing our very first museum. Go!". Depois de alguns minutos, a professora falou, "Ok, eyes on me. Now, security guards/ticket office boys and girls/information desk clerks/visitors, do you have what you need? Ok, let's start. Visitors go outside please. Security guards/ticket office boys and girls/information desk clerks into position". A professora foi para a porta e falou para os visitantes, "Visitors, welcome to the museum", para iniciar a performance.

Durante a performance, a professora somente observou. Quando um aluno perguntou algo para a professora, ela falou, "I'm not the teacher, I'm a journalist". Ela fez parte da performance, assumindo um papel também. Os alunos interagiram no museu por alguns minutos quando a professora falou, "Ok, now switch your roles". Ela mudou os números no quadro para cada papel e os alunos reiniciaram a performance com novos papéis. Com a mesma atividade, "Visitar ao museu", na primeira performance, os alunos falaram muito em português e demonstraram uma grande falta de conhecimento sobre a atividade, sobre as responsabilidades e as funções de cada papel e um desconhecimento das regras de um museu, como por exemplo, não poder tocar em tudo. Para evitar o uso de português durante a performance, um conselho é falar para os alunos que há uma regra para todas as performances, eles têm de falar em inglês ou, inclusive "gibberish", uma língua inventada, mas não podem falar nenhuma palavra em português. A professora filmou e depois discutiu com os alunos, voltando aos exemplos da atividade para avaliar a performance.

Depois dessa primeira performance, que serviu como um atividade diagnóstica para avaliar junto com os estudantes como foi a performance de acordo com os critérios de avaliação para Atividade Social, o trabalho com o texto oral ou escrito na atividade torna-se foco, ao trabalhar com o contexto de produção, organização textual e aspectos linguísticos. A primeira performance tem algumas regras preestabelecidas como o mínimo de organização do espaço da performance e os papéis de cada participante, mas é mais improvisado e "unscripted" do que a performance que acontecerá em outros momentos da sequência didática. A parte de reflexão sobre a performance é um momento para desenvolver um trabalho com diálogo interpessoal (BROWN, 2001), em que a produção oral visa à manutenção da relação social, mais do que a transmissão de fatos ou informações. Alguns fatores devem ser considerados para a participação nesse tipo de tarefa: o registro de informalidade, a linguagem coloquial, o uso de linguagem retratando emoções, gírias, elipses, sarcasmo etc. Os estudantes podem expressar como se sentiram durante a performance e comentar sobre as relações e a produção colaborativa coletiva do grupo. O professor pode guiar essa seção de reflexão com algumas dicas de linguagem para essas colocações, como: I felt... when..., We were(n't) able to..., In the future we could...

## 6.5 PERFORMANCE DE ATIVIDADE SOCIAL "VISITAR AO MUSEU": BRINCADEIRA REGRADA

O próximo passo na atividade "Visitar ao museu", foi trabalhar com o primeiro texto oral: "Conversa para pedir e dar informações sobre o museu". A professora apresentou o texto oral por meio de um CD e desenvolveu duas atividades. Primeiro, a professora pediu aos alunos que escutassem e identificassem o contexto de produção (quem fala para quem, quando e onde, fala sobre o que e por que fala), utilizando imagens como opções de múltipla escolha no exercício escrito. Os alunos ouviram a conversa três vezes para a tarefa. Depois, a professora conversou com os alunos sobre o que estava sendo conversado no CD, em termos gerais, e antes pediu que os alunos escutassem cada troca de fala no diálogo entre os participantes da conversa, pausando o CD para listar as frases dos alunos.

A professora anotou as frases em cartazes de cores diferentes para cada participante e os deixou pendurados no quadro da sala de aula. Ela dividiu os alunos em dois participantes da conversa: o visitante do museu e o atendente da mesa de informação. Para cada atendente, havia três visitantes. A professora avisou que os alunos poderiam se vestir de acordo com seus papéis, trazendo duas caixas de roupas e adereços (os alunos usando suas coisas, como mochilas) e pediu para eles organizarem a sala de aula para uma miniperformance, um momento mais semelhante ao brincar regrado ou performance com "script", somente da parte da atividade quando acontece uma conversa entre a atendente e visitantes para pedir e dar informações. Um visitante atrás do outro (três em cada fileira) ficou na fila para conversar com a atendente. Após cada visitante conversar com o atendente, ele passou para o final da fileira para passar o turno a outros visitantes. Os alunos, às vezes, consultaram as frases no quadro da sala de aula para dar suporte à própia fala. A professora indicou quando era o momento de trocar de papéis, para todos os alunos poderem vivenciar o papel do visitante e do atendente.

*Aluno 1: Good morning, could I help you?*

*Aluno 2: Yes, where is the...*

*Aluno 1: Nao é essa.*

*Aluno 2: Can you tell me where the bones room is? (Olhando para as frases no quadro da sala de aula.)*

*Aluno 1: It's the second floor.*

*Aluno 1: Good morning, may I help you?*

*Aluno 2: Sure. Could you tell me where the bone room is?*

*Aluno 1: It's on the sixth floor.*

*Aluno 2: Thank you.*

*Aluno 3: Good morning. Can I help you?*

*Aluno 4: Sure. Could you tell me where the dinosaur room is?*

*Aluno 3: On the sixth floor.*

*Aluno 4: Thank you.*

Esse exemplo utiliza a imitação (BROWN, 2001), ou "drilling", em que o foco se dá em apenas um aspecto da língua e pode vir a ser um recurso de prática de padrões psicomotores. Alguns aspectos devem ser levados em consideração: a tarefa precisa ser de curta duração, simples, com objetivos claros para os estudantes. A imitação oferece aos estudantes a oportunidade de ouvir e praticar oralmente algumas expressões que podem apresentar certa dificuldade linguística – de pronúncia ou gramatical.

Depois, o professor pode dar outros exemplos para desenvolver o repertório dos alunos para tomar decisões sobre como falar e atuar na Atividade Social. Isso seria um exemplo de brincar vygotskiano, especificamente brincar regrado segundo Holzman, que é importante na construção de performances na sala de aula.

## 6.6 PERFORMANCE DE ATIVIDADE SOCIAL "VISITAR AO MUSEU":"UNSCRIPTED"PERFORMANCE – TRABALHO EM GRUPO

Outra parte da Atividade Social se constituía no desenvolvimento de um trabalho em grupo para apresentar uma minipalestra sobre os dinossauros no museu. Nesse momento foi utilizado o diálogo transacional (BROWN, 2001), que implica uma produção em que há troca de informações em uma produção responsiva mais elaborada. Produção responsiva são respostas relativamente simples e curtas, que não se estendem a diálogos mais elaborados. Os diálogos acabam por ser mais extensos e por apresentar uma natureza de negociação. O diálogo transacional é um tipo de conversação que pode ter como exemplo o trabalho em grupo. O trabalho em grupo tem de seguir certa organização em que o professor e os estudantes constroem conjuntamente os passos importantes para o trabalho e pensam na linguagem oral de que irão necessitar nesse momento, anotando na lousa para guiar suas discussões. Imagine que os alunos têm de planejar uma apresentação. Eles têm de dar opiniões sobre o que fazer e como fazer. Primeiro, o professor pode perguntar para os estudantes: What should we do first in our groups? E, em seguida: What language do we need for this? No final, eles podem construir passos como:

| Group work: Make a presentation. | |
| --- | --- |
| Steps | Language |
| 1. Select information.<br>2. Plan the order and dynamic of the presentation. | • Present ideas: I think we should talk about…<br>• Agree and disagree: I agree. I disagree because…<br>• First, let's… Then, we could… |

O trabalho em grupo dessa forma apresenta características de brincar regrado porque há regras a serem seguidas, mas, ao mesmo tempo, há um elemento de improvisação de "unscripted performance", porque os estudantes têm de construir em cima das falas dos outros para negociar um consenso, utilizando a argumentação para chegar a uma conclusão. Os estudantes podem desviar do "script" da brincadeira regrada e criar algo novo e diferente que tem elementos do "script", mas podem ir além dele.

## 6.7 PERFORMANCE DE ATIVIDADE SOCIAL "VISITAR AO MUSEU": "SCRIPTED" PERFORMANCE – APRESENTAÇÕES ORAIS ACADÊMICAS

O outro passo é um trabalho com a produção extensiva (BROWN, 2001) no qual, é importante considerar as tarefas voltadas a apresentações orais acadêmicas – por exemplo, seminários, comunicações orais, palestras, debates etc. Essas produções extensivas exigem um grau de formalidade diferenciado das demais tarefas mencionadas anteriormente, bem como uma preparação também diferenciada. No caso de uma minipalestra sobre os dinossauros, a professora trabalhou com linguagem oral para introduzir o tópico, falar sobre conceitos do tópico e ligar um conceito com o outro, e por final, concluir a minipalestra. Os estudantes apresentaram essas minipalestras no contexto da Atividade Social, assumindo os papéis de visitantes, cientistas especialistas e dinossauros, em um "scripted performance". Esses passos didáticos foram repetidos para analisar e praticar a linguagem dos textos orais e escritos na atividade. A professora deu mais exemplos para ampliar as possibilidades de linguagem e fazer novas miniperformances ou passar a outros textos até chegar à performance final, quando todos os textos são integrados e vivenciados na performance.

## 6.8 PERFORMANCE DE ATIVIDADE SOCIAL "VISITAR AO MUSEU": OBJETIVOS

Nessa Atividade Social, "Visitar ao museu", os estudantes trabalham com os textos orais "Conversa sobre objetos do museu", "Conversa com os funcionários do museu para dar e receber informações" e "Minipalestra". O texto escrito trabalhado foi uma placa de informação. Na "Conversa com os funcionários do museu para dar e receber informações", os objetivos foram:

- Discutir e vivenciar o contexto de produção, reconhecendo os traços de organização textual e escolhas linguísticas.

- Conversar polidamente com outros, ouvindo atentamente e trocando de turno para falar.

- Começar e finalizar as conversas com saudação inicial e despedida.

- Pedir e dar instruções, informações sobre exibições do museu e informações sobre regras do museu.

- Reconhecer e utilizar preposições para localização e direção.

- Identificar e usar verbos modais.

- Reconhecer e utilizar linguagem formal.

Em todas as performances os alunos trazem conhecimentos científicos para a vida real, aprendendo o que não sabem, fazendo, ou seja, aprendendo inglês falando, escrevendo e atuando além das possibilidades deles.

## 6.9 PARA FINALIZAR

Os professores que se preocupam em estabelecer um ambiente de mediação em sua sala de aula podem trabalhar os princípios que farão com que seus estudantes sejam capazes de dar o próximo passo em sua produção oral. Em uma sala de aula, na qual o professor está preocupado em propiciar um trabalho que leve isso em consideração e que vise desenvolver a produção oral, é preciso haver também a preocupação com a interação das crianças/adolescentes entre si e com ele. É importante observar essa interação e suas implicações no processo de ensino-aprendizagem, assumindo a sala de aula como um espaço dialógico (BAKHTIN, 1929), onde o sujeito é considerado um ser histórico-social e cultural, e a presença do outro é muito importante como parceiro da situação de comunicação.

A Performance ajuda a pensar na produção oral dos alunos em contextos de ensino-aprendizagem de inglês como uma segunda língua. Trabalhar com performances na sala de aula pressupõe que os alunos têm de produzir inglês em sua participação, tomando uma posição ativa. Performance é uma maneira de trabalhar com produção oral de uma forma lúdica, criativa e contextualizada, aproximando ao máximo possível da vida real.

Para preparar os estudantes para os desafios do mundo interconectado em que o Brasil assume um papel importante, é necessário que os educadores trabalhem dedicadamente com produção oral nas salas de aula de língua inglesa. Utilizando performance e as técnicas mencionadas, os professores têm ferramentas para tornar isso possível.

## SUGESTÕES DE LEITURA

BROWN, H. D. **Teaching by principles:** an interactive approach to language pedagogy. New York: Pearson Education, 2001.

HOLZMAN, L. **Schools for growth.** Mahwah: Lawrence Erlbaum Associates, 1997.

LOBMAN, C.; & LUNDQUIST, M. **Unscripted leaning.** New York: Teachers College, Columbia University, 2007.

NUNAN, D. **Second language teaching & learning.** Massachusetts: Heinle & Heinle Publishers, 1999.

UR. P. **A course in language teaching:** practice and theory. Cambridge: Cambridge University Press, 1996.

## REFERÊNCIAS BIBLIOGRÁFICAS

BAKHTIN, M. M. (1979). **Estética da criação verbal**. São Paulo: Martins Fontes, 1992.

BAKHTIN, M. M. (VOLOCHINOV) (1929). **Marxismo e filosofia da linguagem.** São Paulo: Hucitec, 2002.

BRAIT, B. **Mikhail Bakhtin:** o discurso na vida e o discurso na arte. In Espaços da linguagem na educação. Mary Julia Martins Dietzsch (org.). São Paulo, Humanitas, 1999.

BROWN, H. D. **Teaching by principles:** an interactive approach to language pedagogy. New York: Pearson Education, 2001.

DONATO, R. **Sociocultural contributions to understanding the foreign and second language classroom.** 2000.

GAZZOTI, D. **Stance dual school.** São Paulo: K4, 2011.

HOLZMAN, L. **Vygotsky at work and play.** New York: Routledge, 2009.

KERBRAT-ORECCHIONI, C. **La conversation.** Paris: Seuil, 1996.

LANTOLF, J. P.; G. APPEL. Theoretical framework: an introduction to Vygotskian approaches to second language research. In: **Vygotskian approaches to second language research.** New Jersey: Alex Publishing Corporation, 1994.

MARKOVÀ, I. Introduction. In: MARKOVÀ, I. & FOPPA, K. **The dynamics of dialogue.** London, 1990.

SWAIN, M. The Output Hypothesis and Beyond: Meidating Acquitision through Collaborative Diaglogue. In: LANTOLF, J. **Sociocultural theory and second language learning.** London: Oxford University, 2000.

THOMSON, M. **Stance dual school.** São Paulo: Year 2, 2011.

VYGOTSKY, L. S. (1933, 1935). **A formação social da mente:** o desenvolvimento dos processos psicológicos superiores. São Paulo: Martins Fontes, 2000.

WERTSCH, J. V. Dialogue and dialogism in a socio-cultural approach to mind. In: MARKOVÀ, I. & FOFFA, K. **The dynamics of dialogue.** London, 1990.

WILLIAMS, M.; & BURDEN, R. L. **Psychology for language teachers:** a social constructivist approach. Cambridge: Cambridge University Press, 1997.

# 7

## Trabalhando o contexto de produção, a organização textual e aspectos linguísticos em língua estrangeira

*Maria Cristina Meaney*

A evolução histórica dos estudos produzidos na área de ensino de Língua Estrangeira (LE) foi marcada pela sucessão de diferentes abordagens que, muitas vezes, tornava o trabalho do professor uma aplicação de passos previamente determinados. Hoje em dia, fica incabível propor um ensino de língua estrangeira puramente tecnicista e pretensamente imparcial, desvinculado dos valores e interesses sócio-histórico e culturalmente construídos. As propostas desenvolvidas nesta área atualmente[1] procuram levar em consideração as especificidades e a complexidade impostas pelo mundo globalizado no qual estamos inseridos. É possível, no entanto, fazer distinção entre referenciais didáticos que almejam a compreensão e a assimilação da realidade, como ela é, e outros que desejam uma compreensão crítica e participativa da *vida que se vive* (MARX; ENGELS, 2002), ou seja, que pretendem compreender as contradições da vida e buscar novas formas de ação.

É dentro dessa última perspectiva que este capítulo se insere. Embasado pela Teoria da Atividade Sócio-Histórico-Cultural (TASHC), este trabalho visa a explicitar como o ensino de língua estrangeira, em particular o ensino da Língua Inglesa, pode levar

---

[1]: Para uma síntese das abordagens de linguagem no ensino de LE, ver o Capítulo 1 deste livro.

em conta a complexidade dos modos de participação da vida moderna, sem deixar de lado as questões de linguagem que instrumentalizam e tornam possível a participação e a transformação de diferentes contextos. Uma organização curricular e um trabalho didático baseados em Atividades Sociais almejam uma formação sólida, crítica e engajada dos participantes do processo de **ensino-aprendizagem**. Para entender melhor o que é proposto aqui, é importante compreender alguns dos princípios da TASHC.

Influenciado por Marx, Vygotsky (1930/2003; 1925/2004) discorreu sobre como a atividade humana – social, mediada pelos instrumentos da cultura, localizada historicamente, orientada a objetivos determinados – leva o homem a desenvolver aquilo que o torna humano: a consciência. Sua cognição e emoção não são dons inatos, mas constituições concebidas e transformadas na e por sua ação no mundo.

> **Linguagem:** sendo parte integrante da atividade humana, a linguagem fornece ao homem as condições necessárias à formação da consciência – individual e social. A ampliação das capacidades de linguagem do indivíduo implica a transformação de sua consciência, de suas capacidades afetivo-cognitivas e, consequentemente, de suas possibilidades de ação no mundo.

Essencial e inerente a esse processo de produção de si mesmo está a linguagem. A linguagem permite ao homem simbolizar, significar e interpretar o mundo que o cerca, permite-lhe socializar-se e exprimir-se, permite-lhe historicizar-se. Suas ações de linguagem integram e possibilitam seu processo de vir a ser. Tratar a linguagem como um sistema fixo de regras a serem memorizadas é tentar aliená-la de sua função constitutiva do ser humano. Mais que um simples instrumento que medeia as relações humanas, a linguagem integra a participação do homem no mundo nas atividades em que se engaja.

O homem, que é um ser social, participa de atividades coletivamente visando a atingir um determinado resultado (MARX; ENGELS, 2002). Leontiev (1977) acrescenta que o homem realiza ações, com objetivos parciais, que ajudam a compor o objeto da atividade. Assim, a fim de ir ao cinema, o homem consulta a programação, lê a sinopse ou a resenha do filme, liga para um amigo para convidá-lo, compra os ingressos, a pipoca etc. Cada ação, por sua vez, é concretizada pela realização de operações menores, por vezes mínimas, as quais realizamos na maioria das vezes de forma automática e inconsciente. Para checar a programação do cinema, ligamos o computador, entramos na Internet, digitamos o site do cinema, clicamos no filme desejado etc. É possível perceber aqui que operações diferentes levariam à conclusão do mesmo objetivo parcial. Seria possível, por exemplo, checar a programação num guia impresso como um jornal ou uma revista. Também seria possível buscar a informação em um site de busca na Internet. As escolhas feitas durante a realização da ação estão ligadas a especificidades da situação de ação (Onde estou? De que instrumentos disponho?) e a competências previamente adquiridas ou não pelo sujeito (Como se acessa essa informação na Internet? Em que caderno/página do jornal está essa informação?).

Ao organizar o trabalho didático com base em Atividades Sociais, é preciso levar em consideração as ações necessárias para a realização de determinada atividade e as possíveis operações que a compõem e concretizam. Todo o percurso para sua viabilização, assim como as possíveis escolhas de ações e operações, bem como suas implicações, são objeto de estudo. O aluno estabelece relações entre o macro (a atividade) e o micro (as operações) e aprende não só, ao refletir sobre elas, mas também, e principalmente, a realizá-las, *performá-las*.

No ensino de LE, uma vez definida a Atividade Social com a qual se deseja trabalhar[2], é preciso identificar as ações de linguagem que a realizam. Estando tal ação situada social, cultural e historicamente, é preciso conhecer os instrumentos disponíveis e adequados à sua concretização. Segundo Schneuwly, o gênero é "um instrumento semiótico complexo, isto é, uma forma de linguagem prescritiva" que fornece "uma base de orientação para a ação discursiva" (2004, p. 26). Desse modo, é necessário compreender o sistema de gêneros que, articulados, realizam a atividade e definir quais gêneros serão objeto de estudo, já que seria impossível enfocar a todos, dada a complexidade a que tendem tais sistemas. Nas palavras de Bakhtin,

> *A riqueza e a diversidade dos gêneros do discurso são infinitas porque são inesgotáveis as possibilidades da multiforme atividade humana e porque em cada campo dessa atividade é integral o repertório de gêneros do discurso, que cresce e se diferencia à medida que se desenvolve e se complexifica um determinado campo. (BAKHTIN, 2003, p. 262)*

A escolha variada entre gêneros orais e escritos permite acionar diferentes conteúdos e promover uma diversidade maior de tarefas em sala de aula. Assim, ao trabalhar com a Atividade Social *ir ao cinema*, poderíamos eleger a *conversa telefônica para convidar um amigo* e a *resenha crítica* com gêneros focais. Para um grupo com menor proficiência linguística, poderia ser mais adequado eleger a *sinopse* e a *conversa para comprar o ingresso ou a pipoca*.

**Sistema de gêneros:** conjunto de gêneros que realizam uma atividade de forma articulada. Alguns deles são imprescindíveis à sua realização. A esses chamamos *gêneros focais*. Já os *gêneros orbitais*, embora participem, de algum modo, da condução da atividade, não são indispensáveis à sua realização.

---

[2]: Para uma orientação em como organizar o currículo com base em Atividades Sociais e definir as atividades a serem trabalhadas, ver o Capítulo 1 deste livro.

Feito isto e estando clara a relação entre a escolha do gênero e a realização da atividade, assim como a situação de ação em que o gênero se insere, passa-se à análise da estrutura do gênero, ou seja, à identificação de sua organização *relativamente estável* (SCHNEUWLY, 2004, p. 25). Há que se perguntar, tomando-se como exemplo o primeiro gênero mencionado:

- Que conteúdos são essenciais a uma *conversa telefônica para convidar um amigo*?

- Como se organizam tais conteúdos?

- Que possibilidades de escolha tal organização me permite?

- Que restrições/possibilidades são proporcionadas pela alteração da situação de ação (ligação feita a partir do local de trabalho; ligação entre celulares pessoais etc.)?

Ampliando-se o poder da lente por meio da qual analisamos a atividade, podemos observar operações menores que executam pequenas *funções* no texto: *dizer alô, identificar-se, fazer o convite, marcar local e horário, despedir-se* etc. É possível analisar os padrões de *organização das sentenças interrogativas* ou a sua *entonação*, identificar a necessidade de se dizer os *números* e as *horas*, comparar e contrastar o uso de diferentes *verbos modais*, observar como determinadas estruturas realizam a ação discursiva de modo *mais ou menos formal* e assim por diante. Os aspectos linguísticos deixam de ser estudados com um fim em si mesmos e passam a fazer parte de um projeto maior: a sua utilização autônoma ajuda a atingir um determinado resultado. O texto deixa de ser pretexto para se estudar estruturas gramaticais e passa a ser um instrumento de ação discursiva, um gênero, que permite participar de uma atividade em busca de um objetivo. O aluno passa a compartilhar com o professor o conhecimento das intenções do trabalho, da finalidade dos conteúdos desenvolvidos.

Em suma, a fim de possibilitar a atuação crítica do aluno na atividade, o trabalho didático em ensino-aprendizagem de LE com base em Atividades Sociais deve englobar três níveis de compreensão da mesma:

- o contexto de produção da atividade e dos gêneros trabalhados

- a organização textual dos gêneros em foco

- os aspectos linguísticos que permitem a compreensão e a produção dos gêneros estudados.

Capítulo 7 Trabalhando o contexto de produção, a organização textual e aspectos linguísticos **117**

As seções seguintes tratarão do trabalho com cada um desses níveis, fornecendo exemplos de tarefas para o trabalho com cada um deles.

## 7.1 TRABALHANDO COM O CONTEXTO DE PRODUÇÃO

Atuamos na vida de modo interessado e conhecemos, mesmo que de forma parcial e/ou enviesada, as especificidades das situações em que atuamos. Isto nos permite escolher ações mais adequadas e pertinentes à realização de nossos objetivos. Ignorar os contextos em que são produzidas as ações de linguagem, como o fazem muitas das propostas de ensino de LE, torna nebulosos nossos objetivos e, consequentemente, dificulta a escolha e a adequação de nossas ações.

Conhecer o contexto de produção de uma atividade significa identificar e compreender as relações entre seus componentes: os *sujeitos* envolvidos, o *objetivo* a ser alcançado, os *instrumentos* disponíveis, linguísticos ou não, a *comunidade* em que a atividade se realiza, as *regras* de atuação nessa atividade e o *modo como o trabalho é dividido* entre os sujeitos envolvidos (LEONTIEV, 2009; ENGESTRÖM, 2002; LIBERALI, 2009). O conhecimento de tais componentes permite ao aluno antecipar as ações de linguagem que compõem a atividade e, portanto, compreendê-las melhor quando são propostas no decorrer do trabalho didático.

Ao trabalhar com base em uma Atividade Social, é preciso identificar esses componentes logo de início. Isso pode ser feito por meio de imagens, trechos de filmes, mímicas, encenações ou outras formas de ilustração. Diversos tipos de tarefas podem ser utilizados para se trabalhar com o contexto de produção de uma atividade, levando-se em consideração o domínio que os alunos têm do idioma. Ao trabalhar com grupos mais avançados ou que tenham boa compreensão auditiva e produção oral, o professor pode orientar a discussão com perguntas do tipo:

- Quem são eles?
- Onde estão?
- O que estão fazendo?
- Por que vocês acham que eles estão fazendo isso?
- Qual o papel deste ou daquele sujeito?
- Que ferramentas/objetos estão usando? Sobre o que estão conversando?

> **ATENÇÃO**
>
> *É necessário variar o tipo de tarefa ou a dinâmica utilizada para identificar os contextos a fim de se evitar a rotina e manter o poder de transformar a sala de aula em função de necessidades e desejos identificados nela (LIBERALI, 2008, p. 23).*

Tal discussão poderia ocorrer a partir da distribuição de perguntas entre os alunos ou a produção de perguntas a partir de dicas (*Who? Where? Why?...*). Grupos menos proficientes, embora igualmente capazes de identificar os componentes da atividade, precisam de apoio de linguagem que lhes permita participar da discussão em LE. As tarefas a seguir são possibilidades de abordagem do contexto de produção da Atividade Social *participar de um piquenique* em uma sala de aula de língua inglesa, a partir da exposição de uma foto de uma família fazendo um piquenique. Em vez de controlar as respostas e encorajar uma resposta como certa, a intenção aqui é imaginar diferentes possibilidades de participação na atividade.

**Possibilidade 1:** Grupo mais proficiente; o professor faz ou distribui perguntas; os alunos discutem.

*What are they doing? Who are they? Where are they? What are they eating/drinking? Who brought the food/made the sandwiches, in your opinion? Why do people have picnics? Do you ever have picnics? What are they like?*

**Possibilidade 2:** Grupo intermediário; os alunos recebem ficha de observação e preparam respostas em pequenos grupos.

*1. Look at the photograph and identify the following elements:*

*Activity:*

*People involved:*

*Place:*

*Food and drinks:*

*Reason for doing it:*

*2. Use the notes you took to talk about the picture.*

| | | | |
|---|---|---|---|
| ◆ *Activity:* | *a game* | *a dinner party* | *a picnic* |
| ◆ *People:* | *a family* | *friends* | *coworkers* |
| ◆ *Place:* | *a house* | *a park* | *an office* |
| ◆ *Food:* | *sandwiches* | *fruits* | *lasagna* |
| ◆ *Drinks:* | *soda* | *juice* | *beer* |

*Capítulo 7 Trabalhando o contexto de produção, a organização textual e aspectos linguísticos* **119**

**Possibilidade 3:** Grupo menos proficiente.

*1. Circle one or more items in each category.*

*2. Write the items you would like to have on your picnic*

*People: ...............................................................*

*Food: .............................................................*

*Drinks: ..........................................................*

Também é possível identificar os componentes de uma atividade comparando-a com outra, como no exemplo a seguir.

**Possibilidade 4:**

*Write the expressions from the box under the corresponding image.*

| *family* | *businesspeople* | *to work* | *office* |
|---|---|---|---|
| *park* | *to have fun* | *a meeting* | *a picnic* |

| (Picnic scene) | | (Picnic scene) |
|---|---|---|
| | *What?* | |
| | *Who?* | |
| | *Where?* | |
| | *Why?* | |

> **ATENÇÃO**
>
> *Há que se ter o cuidado para não imprimir valor excessivo à cultura estrangeira, prática comum no ensino de língua inglesa, em detrimento da cultura do aluno, o que remete à supressão e substituição de sua cultura, em vez de oferecer outras possibilidades de participação, uma multiplicidade cultural.*

Ao analisarmos o contexto de produção de uma atividade, é possível observar também diferenças entre culturas. No caso do piquenique, é fácil notar como são informais voltados para o público infantil, aqui no Brasil, e como podem ser altamente elaborados e endereçados a adultos em países como os Estados Unidos. Discutir diferenças culturais cria repertório para as práticas futuras e possibilita transformações na ação do sujeito.

A mesma elucidação do contexto de produção deve acontecer quando da introdução de um texto qualquer, oral ou escrito. Ela facilita a compreensão não só do conteúdo tratado, mas também da intencionalidade dos sujeitos que o produzem. Em outras palavras, a elucidação das relações que se estabelecem entre os elementos que compõem a situação de ação em que um texto se produz facilita a sua compreensão crítica.

> **ATENÇÃO**
>
> *A utilização de materiais autênticos favorece a identificação do contexto de produção e das relações entre seus componentes. Textos produzidos com fins didáticos costumam servir à exemplificação de conteúdos gramaticais, mas tendem a ser obscuros quanto a quem ou a que servem. Além disso, a excessiva repetição de determinadas estruturas torna-os estereotipados.*

Partindo-se do princípio que *participar de um piquenique é uma atividade que se realiza coletivamente*, é fácil perceber que uma ação essencial dentro dela é a *conversa para organizá-lo*. Imaginando um piquenique entre amigos, é possível indagar os alunos sobre os motivos de se ter tal conversa. Algumas respostas possíveis seriam:

- Garantir o sucesso do piquenique.

- Decidir o que irão comer/beber/fazer.

- Evitar a repetição de um ou outro item.

- Evitar sobrecarregar um ou outro participante.

Questionar os alunos sobre suas experiências anteriores favorece seu engajamento no trabalho e ajuda a ilustrar as possibilidades de adequação do gênero a diferentes situações de ação. Da mesma forma, é possível caracterizar os sujeitos envolvidos na conversa e a maneira como agiriam nela a partir da formulação de critérios de escolha do que levar. Alguns critérios disparadores dessa discussão poderiam ser o custo de cada item, a facilidade de acesso a ele, gosto pessoal, habilidade ou não para prepará-lo, disponibilidade prévia etc. A percepção de que as escolhas dos sujeitos são influenciadas pela situação em que se encontram pode ocorrer pela inclusão de variáveis. O que levaria ao piquenique se quisesse impressionar sua namorada? E se fosse ao piquenique com sua família? E se estivesse sem dinheiro? O que faria se houvesse a possibilidade de chuva?

Outra maneira de se caracterizar os sujeitos envolvidos é levantar traços de personalidade. Assim, temos um possível sujeito organizador, que sempre se encarrega de fazer uma lista, o atarefado, que nunca tem tempo para nada, o prático, que quer comprar tudo pronto, o econômico etc. Propor uma caracterização clara aos alunos para sua atuação na conversa permite a eles *brincar* na situação de ação e experimentar papéis que normalmente não assumiriam, mas que propiciam operações diferenciadas, ampliam seu repertório de escolhas e suas possibilidades *de vir a ser* (HOLZMAN, 2009).

Também seria possível discutir as implicações de se realizar tal conversa pessoalmente, por telefone ou por meio eletrônico. Isso influenciaria também a maneira como a conversa seria conduzida, como veremos a seguir.

## 7.2 ANALISANDO A ORGANIZAÇÃO TEXTUAL

Dois aspectos relevantes devem ser considerados, ao analisarmos a organização textual de um gênero: seu conteúdo temático e a disposição desse conteúdo no texto. Alguns conteúdos são essenciais à realização do gênero. Outros são opcionais ou periféricos. Uma tarefa possível para se identificar tais conteúdos seria justamente indagar os alunos sobre quais conteúdos seriam imprescindíveis nessa conversa. Outra opção seria providenciar uma lista de temas e pedir que eles escolhessem os que são pertinentes a esse tipo de conversa ou ainda que os categorizassem em essenciais, periféricos e não pertinentes. Numa *conversa para organizar um piquenique*, temas como *que comidas/bebidas levar, que objetos levar, onde e quando fazer o piquenique, o tempo* devem surgir como essenciais. Outros com o que roupa usar ou como chegar podem ser considerados periféricos. Tal categorização, no entanto, não pode ser encarada como imutável. Temas periféricos podem ser considerados essenciais em determinadas situações. Por esse motivo, deve-se constantemente remeter o aluno ao contexto de produção do gênero e da atividade.

Tendo definido quais temas são essenciais ao gênero, é preciso organizá-los no texto. Gêneros escritos tendem a dispor seus conteúdos com maior rigor e permitir menor número de variações quanto à sua organização textual. Gêneros orais, em especial os dialogais, possibilitam uma infinidade de variações, não só pela variação da situação de ação, mas também pela impossibilidade de controle do fluxo do pensamento e da contribuição dos interlocutores. Apesar disso, mesmo numa *conversa para organizar um piquenique*, é preciso introduzir o tópico do piquenique, tratar dos assuntos necessários à sua organização e encerrar a conversa ou mudar de assunto ao final dela.

Embora seja possível identificar uma infinidade de gêneros acionados nas diversas e complexas formas de participação do homem na vida que vive, os gêneros podem ser agrupados de acordo com a esfera de circulação e o tipo de organização interna. Esse último corresponde à capacidade de linguagem predominante no gênero, a saber: narrar, relatar, argumentar, expor ou descrever ações (SCHNEUWLY; DOLZ, 2004). A tipologia do texto revela intenções dos sujeitos envolvidos na ação discursiva, remetendo-nos ao seu contexto de produção. Ao mesmo tempo, os diferentes tipos de texto acionam operações linguísticas específicas, daí a importância de se variar os tipos de texto trabalhados na escola. Um texto do tipo argumentativo, por exemplo, carrega

> Esferas de circulação: campos sociais em que os gêneros são empregados. As esferas jornalística, jurídica, literária e cotidiana, por exemplo, são compostas de gêneros específicos que instrumentalizam as ações discursivas empregadas nesses campos de atuação social. Embora a escola seja também um campo social autêntico e, como tal, possua seus próprios gêneros, é também na escola que se aprende a produzir gêneros que circulam em outras esferas, o que demanda a criação de todo um contexto de produção que situe o aluno.

uma tomada de posição e uma tentativa de persuasão. Diferentes argumentos, modalizadores e operadores argumentativos são utilizados para estabelecer relações de causalidade, condição, semelhança e diferença na tentativa de dar suporte a uma tese.

Uma maneira de levar o aluno a perceber tanto o que é estável quanto o que é instável no gênero é oferecer turnos de fala desordenados e pedir que os alunos, em pares, os organizem em forma de diálogo. Em seguida, a teatralização dos diálogos organizados pelos alunos permitiria a percepção do que foi comum a todos e o que permitiu uma organização diferente.

Outra tarefa favorecedora da análise da organização discursiva do gênero é a comparação com conversas semelhantes. Pode-se, por exemplo, mostrar uma cena de filme em que as personagens discutem a organização de uma festa e pedir que os alunos apontem similaridades e diferenças entre as duas conversas.

Enquanto a introdução de diferentes temas pode ser ordenada de diversas formas, a ordenação dos turnos obedece a critérios de pertinência, coesão e coerência (MIASCOVSKY, 2008), que fornecem as condições minimamente necessárias à participação dos interlocutores no diálogo. Assim, um tema é levado de um turno a outro até que outro tema seja introduzido. Uma pergunta é normalmente seguida de resposta. Uma sugestão é normalmente seguida de uma aceitação ou recusa. A organização de uma *conversa para organizar um piquenique* deve respeitar tais critérios.

> **ATENÇÃO**
>
> *Embora seja importante promover tarefas em que o contexto de produção, a organização textual e os aspectos linguísticos sejam analisados, é igualmente importante discutir e evidenciar constantemente a interdependência entre estes três âmbitos.*

Entretanto, para se identificar a introdução de um tema, uma pergunta, uma sugestão ou uma resposta, é necessário observar aspectos linguísticos que realizam cada uma destas funções. Por isso, o estudo da organização discursiva de um texto está atrelado ao estudo das operações linguísticas necessárias à sua realização.

## 7.3 ANALISANDO ASPECTOS LINGUÍSTICOS

Seria possível produzir uma conversa para comentar um piquenique, que tivesse uma organização discursiva semelhante à *conversa para organizar um piquenique* – que, por exemplo, falasse de comidas e bebidas consumidas num piquenique na mesma ordem. Entretanto, não seria difícil diferenciá-las. A primeira trataria de evento passado facilmente identificável pelo uso de tempos verbais e expressões adverbiais e traria vocabulário de cunho apreciativo. A segunda trataria de um evento futuro e expressões usadas para pedir, oferecer e sugerir, indispensáveis às decisões a serem tomadas. Os aspectos linguísticos também são essenciais à tipificação de textos.

Inúmeros conhecimentos lexicais, gramaticais, ortográficos, fonológicos são acionados na produção de um gênero. O trabalho didático orientado a promover uma maior autonomia na produção de gêneros que compõem uma Atividade Social inclui a seleção de aspectos linguísticos prioritários à sua composição. Além disso, ao fazer tal seleção, o professor precisa eleger aspectos diversos, evitando trabalhar só com vocabulário ou só com regularidades gramaticais.

O gênero *conversa para organizar piquenique* permite abordar diversos aspectos linguísticos: vocabulário para identificar comidas, bebidas e utensílios utilizados em um piquenique, expressões com a função de pedir, sugerir e oferecer, plural dos substantivos, uso do artigo "a", classificação do substantivo em contável ou incontável, uso de expressões que indicam maior ou menor grau de formalidade, entonação de perguntas e respostas, expressões para falar sobre o tempo, entre outros. A fim de definirmos quais aspectos priorizar, devemos nos perguntar:

- Que conteúdos ampliam o repertório operacional do sujeito, tornando-o mais autônomo na utilização do gênero?

- Que conteúdos oportunizam o cumprimento de metas curriculares de modo relevante?

Um recorte possível seria o trabalho com o vocabulário para identificar comidas, bebidas e utensílios utilizados em um piquenique e uma combinação da classificação do substantivo com o uso do artigo "a".

O trabalho com vocabulário oferece estratégias de memorização significativas. Nesse sentido, podem ser propostas tarefas que encorajam a memória visual, como a correlação imagem – palavra. Com esse mesmo propósito, os alunos poderiam nomear as comidas, bebidas e utensílios em uma cena de piquenique. Também poderiam assistir a um desenho ou vídeo retratando um piquenique e identificar o vocabulário em foco. Outras tarefas essenciais são as que propõem uma categorização do vocabulário. A partir de um banco de palavras ou expressões, o aluno organiza o vocabulário em comidas, bebidas e utensílios. Outra possibilidade de categorização é pensar onde levariam os itens: em uma garrafa térmica, uma cesta ou um "cooler". Diferentes ferramentas podem ser utilizadas para isso: mapas conceituais, tabelas, "clusters", entre outros.

Tarefas de *role play* poderiam ser propostas com vistas à utilização variada do vocabulário e à percepção da influência da situação de ação na sua escolha. Como seria a *conversa para organizar o piquenique* se os participantes estivessem de dieta para emagrecer? Como seria a conversa se o piquenique fosse para crianças? A ampliação e automação do vocabulário ampliam as possibilidades de participação do aluno nessa e em outras atividades.

A partir do mesmo banco de palavras ou expressões, poder-se-ia propor uma nova categorização em itens que aparecem no singular (precedidos de artigo "a"), no plural e itens que são líquidos ou que não têm forma plural (incontáveis). A partir da observação desses itens, organizados em tabela, seria possível concluir que o artigo "a" só é utilizado diante de substantivos contáveis quando no singular. A transcrição de diálogos lacunados para a inserção ou não do artigo, a observação de vídeos para identificação do uso do vocabulário e, novamente, a proposição de situações em que os alunos assumissem papéis, seriam propostas direcionadas à internalização desta regularidade linguística.

### 7.4 PARA FINALIZAR

Embora neste texto, a fim de discutir e exemplificar o trabalho com os diferentes folheados do texto, tenha-se discorrido separadamente sobre o contexto de produção, a organização textual e os aspectos linguísticos dos gêneros, é importante reafirmar que eles estão totalmente imbricados e que o trabalho didático deve elucidar essas relações de interdependência. A ampliação e a automação de operações linguísticas permitem ao sujeito agir discursivamente em diversas situações em direção a seus objetivos maiores.

Outra relação essencial a ser traçada é aquela entre o que se vive e o que se aprende na escola; entre a prática e a teoria. A partir de conhecimentos adquiridos de forma espontânea, os alunos ampliam, categorizam e organizam novos conhecimentos. Esse processo de teorização da prática não é uma via de mão única, mas um movimento que permite ao aluno conceber novas formas de participar e transformar o mundo que o cerca (LIBERALI, 2009, p. 22).

Ao ampliar suas possibilidades de atuação em diferentes atividades, o sujeito amplia também suas capacidades afetivo-cognitivas, amplia suas possibilidades de vir a ser.

## SUGESTÕES DE LEITURA

CRISTOVÃO, V. L. L.; SZUNDY, P. T. C.. Projetos de formação pré-serviço do professor de Língua Inglesa: sequências didáticas como instrumento no ensino-aprendizagem. **Revista Brasileira de Linguística Aplicada,** v. 8, p. 115-137, 2008.

MEANEY, M. C. **Argumentação na formação do professor na escola bilíngue.** 2009. 149 f. Dissertação (Mestrado) – Pontifícia Universidade Católica de São Paulo, São Paulo, 2009.

MIRANDA, A. **Ensino de inglês para crianças:** a participação dos alunos e professora na construção do conhecimento. 2003. Dissertação (Mestrado em Linguística Aplicada ao Ensino de Línguas) – Pontifícia Universidade Católica de São Paulo, São Paulo, 2003.

NEWMAN, F.; Holzman, L. **Lev Vygotsky:** cientista revolucionário. São Paulo: Edições Loyola, 1993.

RISÉRIO CORTEZ, A. P. B. **A língua inglesa como objeto e instrumento mediador de ensino-aprendizagem em educação bilíngue.** 2007. 185 f. Dissertação (Mestrado) – Pontifícia Universidade Católica de São Paulo, São Paulo, 2007.

ROJO, R. H. R. **Gêneros do discurso e gêneros textuais:** questões teóricas e aplicadas. In: MEURER, J. L.; MOTTA-ROTH, D.; BONINI, A. (org.) Gêneros: Teorias, métodos e debates. 1. ed. São Paulo: Editora Parábola, 2005. p. 184-207.

## REFERÊNCIAS BIBLIOGRÁFICAS

BAKHTIN, M. **Estética da criação verbal.** São Paulo: Martins Fontes, 2003.

ENGESTRÖM, Y. (1991) Non scolae sed vitae dsicimus: como superar a encapsulação da aprendizagem escolar. In: DANIELS, H. **Uma introdução a Vygotsky.** São Paulo: Edições Loyola, 2002.

HOLZMAN, L. **Vygotsky at work and play.** New York: Routledge, 2009.

LEONTIEV, A. N. **Activity and conciousness.** 1977. Disponível em: http://www.marxists.org/archive/leontev/works/1977/leon1977.htm. Acesso em: 20 jan. 2009.

LIBERALI, F. C. **Formação crítica de educadores:** questões fundamentais. 1. ed. v. 1.Taubaté: Cabral Editora e Livraria Universitária, 2008.

LIBERALI, F. C. **Atividade Social nas aulas de língua estrangeira.** São Paulo: Moderna, 2009.

MARX, K.; ENGELS, F. **A ideologia alemã.** São Paulo: Centauro, 2002.

MIASCOVSKY, H. W. **A produção criativa na atividade sessão reflexiva em contextos de educação bilíngue.** 2008. 226 f. Dissertação (Mestrado em LAEL ) – Pontifícia Universidade Católica de São Paulo, São Paulo, 2008..

SCHNEUWLY, B.; DOLZ, J. **Gêneros orais e escritos na escola.** Campinas: Mercado das Letras, 2004.

VYGOTSKY, L. S. (1925). **Teoria e método em psicologia.** São Paulo: Martins Fontes, 2004.

VYGOTSKY, L. S. (1930). **A formação social da mente.** São Paulo: Martins Fontes, 2003.

# 8

# Integração de áreas e língua estrangeira

*Ana Paula Barbosa Risério Cortez*

O campo de integração curricular não é inédito, pois muito se tem discutido sobre como transformar a educação em algo mais significativo e interligado para que a motivação estudantil seja constante e seu aprendizado expressivo. No entanto, o olhar sobre o que realmente tal integração significa tem se modificado, e novos horizontes são apresentados a cada ano. Não se trata apenas de relacionar temas nas diferentes matérias escolares, mas, a partir de um caráter filosófico, de unir conhecimentos, habilidades, competências, valores e crenças provindos de inúmeras áreas a fim de construirmos novos conhecimentos. Dessa maneira, fortalecemos o entendimento de ideias-chave procedentes das matérias escolares e dos conhecimentos de mundo que cada indivíduo traz para a sala de aula, de uma forma significativa, tanto para alunos quanto para professores.

Vários autores desenvolveram suas teorias e abordagens sobre integração curricular convencional ao redor do mundo (BURNS, 1995, 1999; JACOBS, 1997; DRAKE, 1998; ERICKSON, 2001;), bem como no Brasil (PAIVA, 1998; YOUNG, 2002; LOPES, 2002; MACEDO, 2002), enquanto outros iniciaram suas pesquisas sobre a integração curricular bilíngue (RISÉRIO CORTEZ, 2007; DAVID, 2007; MOURA, 2009) em língua estrangeira, e não apenas para comunidades surdas ou indígenas.

**Integração por conteúdos:** trabalho conjunto de equipes formadas por professores de diferentes áreas, para organização do planejamento integrado e para a elaboração de materiais didáticos que possam abranger todas as matérias envolvidas. Tais equipes ocupam-se de abordar conteúdos que são objetos de ensino-aprendizagem em várias áreas de conhecimento, além de proporcionar situações em que os alunos são levados a pensar e trabalhar interdisciplinarmente, a fim de criar hábitos intelectuais que levem em consideração diferentes possibilidades e pontos de vista.

**Integração por temas transversais:** de acordo com o MEC, as equipes de professores de cada instituição escolar devem focar sua integração de currículo por temas: ética, meio ambiente, saúde, pluralidade cultural e orientação sexual. Assim, na organização de projetos, os temas supracitados devem ser o eixo principal das discussões que permeiam o processo de ensino-aprendizagem de conteúdos, e não o inverso. Por exemplo: em aulas de ciências no sexto ano do ensino fundamental, um aluno não terá como foco aprender apenas o funcionamento do sistema digestório, mas de que forma hábitos de higiene podem influenciar o bom funcionamento desse sistema e o que isso acarretará a sua saúde. Esse tema pode ser abordado tanto em aulas de ciências, como nas aulas de língua (materna ou estrangeira), por meio de leituras de artigos, jornais etc., ou nas aulas de matemática, por exemplo, pela interpretação de gráficos.

Em tais discussões, é possível notar a presença de duas definições básicas de integração curricular, que vão ao encontro do que é apresentado nos PCN (Parâmetros Curriculares Nacionais) do Ministério da Educação e Cultura (MEC) brasileiro. São elas a integração por conteúdos, que ocorre "por meio da utilização de habilidades relacionadas a áreas específicas no trabalho de outras áreas" (MEANEY, 2009, p. 25), e por temas transversais, ou que "se estenda para além das disciplinas e passe a fazer parte da vivência do aluno na escola" (MEANEY, 2009, p. 26).

No entanto, o "pulo do gato", ou o diferencial nas novas abordagens curriculares diz respeito a uma nova maneira de integrar matérias escolares. Por vários anos, metodologias e abordagens de educação no Brasil focaram a união de conteúdos, sem atenção propriamente dita à linguagem que estava sendo utilizada e construída no processo. Nessa concepção, as aulas são lecionadas em língua materna ou estrangeira com objetivo de ensino-aprendizagem, seja da própria língua-alvo (materna/estrangeira) ou de conteúdos. Contudo, uma nova concepção foi tomando forma, e esse novo modelo de educação integrou-se ao cenário educacional brasileiro: a educação com olhar também para a linguagem nesse processo e para seu papel na construção de novos conhecimentos.

Nessa situação, é necessário repensarmos o papel de cada língua que é ensinada-aprendida na escola (materna ou estrangeira), pois não é mais apenas objeto nos conteúdos escolares, mas tem significância crucial para o desenrolar da aprendizagem. Agora, é ferramenta/instrumento de atuação em Atividades Sociais, cultural, histórica e socialmente situada(o).

Por essa nova concepção, a linguagem não só se configura como um objeto, visto que há uma necessidade a ser preenchida: atuar em uma escola onde a linguagem é o canal de interação (pelo menos a língua materna e uma estrangeira). Para isso, é preciso ensinar-aprender tais canais de interação para que ocorra a ligação essencial entre os conteúdos ensinados-aprendidos na escola, a construção de conhecimentos e o contexto sócio-histórico-cultural do qual fazem parte. A linguagem, portanto, é também um instrumento, uma vez que a interação nesse ambiente em diversas situações só ocorre a partir dos idiomas materno e estrangeiro, que são ensinados-aprendidos ao mesmo tempo em que são utilizados nas situações de interação (RISÉRIO CORTEZ, 2007, p. 48).

Por esse princípio, tanto a língua materna quanto a estrangeira são os objetos (tal como é abordado na Teoria da Atividade) e, ao mesmo tempo, instrumentos de ensino-aprendizagem escolar. Esse fenômeno, denominado por Newman e Holzman (1993, p. 103) como instrumento-e-resultado, define a linguagem como um instrumento constituivo na mediação em que instrumentos-e-resultados são utilizados para a criação de novos instrumentos-e-resultados, reorganizando tanto o pensamento quanto a linguagem, e construindo novos conhecimentos. Neste caso, novos conhecimentos *na* língua materna e também na estrangeira e *para* a língua (materna ou estrangeira).

Nessa situação, matemática, ciências, história, língua estrangeira e outras tantas matérias escolares recebem outro olhar por parte do educador. Se a construção de conhecimentos, assim como nosso agir no mundo, acontece por meio da linguagem, é fundamental que todos os educadores tenham a responsabilidade de mediar o papel da linguagem nesse processo. Não cabe, portanto, apenas ao professor da língua materna o trabalho com diversos gêneros do discurso, bem como com os diferentes recursos linguísticos disponíveis para o aluno.

Nesse viés, é preciso compreender que a integração curricular está em outro patamar, não apenas no de posicionar as matérias uma ao lado da outra, mas em comunhão para que novos conhecimentos aflorem. É, por conseguinte, dever de todos proporcionar oportunidades de trabalho com a linguagem (em língua materna ou estrangeira), de modo que os conteúdos ensinados-aprendidos sejam socialmente gerados.

## 8.1 CONECTANDO A LÍNGUA ESTRANGEIRA ÀS OUTRAS MATÉRIAS ESCOLARES

Tendo em vista o contexto em que se encontra nosso país atualmente, a integração da língua estrangeira a um currículo transdisciplinar é plausível, estabelecendo para tal um papel de instrumento-e-resultado em uma Atividade Social. Neste contexto, o objetivo é promover simultaneamente a construção de conhecimento das diversas disciplinas curriculares e da língua utilizada na interação.

Vejamos o exemplo da Atividade Social denominada "Participar de um evento acadêmico", que pode ser aplicada nas últimas séries do ensino fundamental II ou no ensino médio, em diversas áreas. O objetivo de se ensinar como participar de um evento acadêmico pode ficar a cargo dos professores de língua materna e estrangeira, enquanto o conteúdo a ser divulgado no evento pode ser de responsabilidade do professor de história, e/ou geografia. Adota-se um conteúdo-mestre, debatido entre todos da equipe (por exemplo, tema geral para o evento: "O papel do jovem para a diminuição da violência no Brasil"), que norteará as discussões nas aulas, de acordo com a abordagem de cada disciplina. Os gêneros escritos em questão, pôster acadêmico e relatório de pesquisa, podem ser abordados nas aulas de língua materna, enquanto o gênero oral "apresentação oral em evento científico/escolar" poderá ficar sob a responsabilidade do professor de língua estrangeira. O percurso a respeito da evolução do papel dos jovens na construção da história e sua influência no aumento da violência é debatido, nas aulas de história, e as condições socioculturais, geológicas e ambientais, nas aulas de geografia.

É importante relembrar que as discussões não são isoladas, mas interconectadas. Enquanto se discute o papel dos jovens, elementos sobre condições socioculturais também entram em debate, para que a intersecção aconteça. Entrementes, os professores se encontram e abordam como a organização do planejamento de cada disciplina deve se estruturar a fim de compor todos os elementos necessários para a completude da Atividade Social, em conjunto. O objetivo principal é compartilhar com os alunos a ideia de que a organização de um evento como esse engloba uma gama de profissionais e conhecimentos que são construídos em diversas áreas, não apenas naquelas em que se aprende o conteúdo *per se*. Dessa maneira, desde sua formação escolar, o aluno passa a enxergar a aprendizagem de uma maneira múltipla, interdisciplinar, e não compactada em cada área.

Vemos, por conseguinte, um trabalho articulado em equipe para atingir um determinado resultado, no qual várias disciplinas exercem um papel fundamental para que o objeto de ensino-aprendizagem seja alcançado (a participação em um evento científico). Nessa situação, a língua estrangeira não desempenha papel coadjuvante, mas fulcral, tanto quanto as demais disciplinas, pois também é responsável pela construção final do objeto da atividade.

Dessa maneira, o professor de língua estrangeira debate o tema central da Atividade Social como disparador da discussão, inicia seu trabalho de ensino-aprendizagem do gênero pelo contexto de produção (quem/quando/onde/por que/para que alguém participa de um evento acadêmico, quais os papéis que podem ser efetuados em tal atividade). Ele aprofunda o processo, partindo para a organização textual (expositiva – para apresentar e elaborar fatos;

> **ATENÇÃO**
>
> *É fundamental que a grade de planejamento completa e a sequência didática para cada uma das disciplinas sejam elaboradas em conjunto com todos os professores envolvidos. Nesse tipo de reunião, cada um dos professores deve ter em mãos os elementos básicos do planejamento: uma Atividade Social comum às disciplinas, os conteúdos pertinentes a cada uma, os gêneros da Atividade Social existentes para os determinados conteúdos, o contexto de produção e os recursos linguísticos necessários.*

*Capítulo 8* Trabalhando o contexto de produção, a organização textual e aspectos linguísticos 131

argumentativa – apresentação de pontos de vista e argumentos que sustentem opiniões; informativa: para divulgar experimentos e pesquisas), finalizando por observar quais aspectos linguísticos permeiam a participação no evento (como ouvinte ou em uma apresentação oral – expressões de tempo e espaço, conectivos explicativos e sequenciais, nominalizações, discurso indireto etc.).

Finalmente, com recursos provindos das diversas áreas (o conteúdo *per se*), que também é discuto na língua estrangeira (por meio de textos, vídeos, artigos etc.), o evento científico acontece de maneira compartilhada. Isso pode acontecer na aula de língua estrangeira, com a presença dos vários participantes (alunos e demais professores) e a avaliação do produto ocorre nos diferentes segmentos participantes (por exemplo: a produção do relatório de pesquisa, pelo professor de língua materna; os conteúdos do relatório, nas aulas de história e geografia; a leitura de dados estatísticos, em matemática; a apresentação oral, na aula de língua estrangeira).

Consequentemente, todos participam do processo por completo. Isso nos mostra como é possível transformar um conteúdo que poderia ser elaborado em apenas um projeto de uma única matéria em uma Atividade Social que integra várias disciplinas, inclusive a língua estrangeira, que geralmente tem papel secundário em muitas escolas.

Acredita-se que, por meio da promoção de um ambiente escolar em que os alunos e professores trabalhem de forma ativa e integrada, engajando-se de maneira consciente e emocionalmente com os recursos didáticos disponíveis e com o conhecimento que se constrói, os processos de ensino-aprendizagem são mais estimulados do que em ambientes escolares tradicionais. Por conseguinte, em vez de terem contato com conteúdos restritos a aspectos linguístico-discursivos, ortográficos ou fonológicos, os alunos trabalham com conteúdos de outras disciplinas que lidam com o mundo real, e não apenas com histórias fictícias que promovam o vocabulário ou a gramática a ser ensinada no idioma estrangeiro.

Ademais, tal relação promove uma melhoria na relação que o aluno estabelece com o conteúdo que aprende: sua motivação é instigada, o confronto com o novo conhecimento é otimizado e sua autonomia é estimulada, indo ao encontro das abordagens contemporâneas de ensino-aprendizagem.

No tocante ao dia a dia do professor, o planejamento de integração curricular entre pares promove um aumento na autoestima do

> **ATENÇÃO**
>
> *A comunidade escolar, conforme discutido na Teoria da Atividade, não se compõe apenas dos integrantes da sala de aula, professores e alunos, mas envolve também o corpo diretivo, pais, funcionários escolares e outros sujeitos da comunidade.*

> **ATENÇÃO**
>
> *Perguntas a serem respondidas nesta etapa: 1. Qual conteúdo será comum a todas as disciplinas? 2. Quais conteúdos e gêneros da Atividade Social são específicos da minha disciplina? 3. Qual o contexto de produção da Atividade Social? 4. Qual é a organização textual dos gêneros abordados na atividade que pertencem à minha disciplina? 5. Que recursos linguísticos são operados na Atividade Social em minha matéria?*

docente e na sinergia da ação crítico-colaborativa, uma vez que a parceria proporciona mais reflexão sobre a prática. Também permite uma maior compreensão sobre seu trabalho e seu papel no processo de ensino-aprendizagem, assim como sobre a importância das decisões que são tomadas em cada uma de suas ações, que afetam sua vida e a dos outros participantes da atividade.

## 8.2 ORGANIZANDO UMA SEQUÊNCIA DIDÁTICA COM CURRÍCULO INTEGRADO

O primeiro passo, em uma reunião de planejamento de currículo integrado, é o estabelecimento do objeto da Atividade Social. A seguir, a divisão de trabalho, ou o que cada professor e cada aluno terão como tarefa na atividade, é um dos pontos fundamentais. Depois, o corpo docente debate o contexto de produção da Atividade Social e os recursos linguísticos necessários.

Passemos, então, a um modelo. A Atividade Social proposta se intitula "Redigir um conto latino-americano", com o objetivo principal de promover a descoberta e a integração de culturas em nosso continente, partindo do estudo da rotina e dos costumes de crianças e adolescentes latino-americanos. O tema transversal em questão é a *pluralidade cultural*, e as disciplinas envolvidas são língua estrangeira (aspectos linguístico-discursivos), história e geografia (características sócio-histórico-culturais e político--geográficas), ciências (questões de higiene e sanitarismo), artes (gráficas e/ou visuais – manifestações artístico-culturais), educação física e teatro (manifestações artísticas corporais) e língua materna (aspectos linguístico-discursivos).

Nessa tarefa, cabe à disciplina língua estrangeira identificar e organizar aspectos relativos ao conto (sua estrutura, seus objetivos, seu contexto de produção e organização textual), enquanto que as demais disciplinas se encarregam de levantar, apresentar e debater as informações referentes à América Latina (quem são os moradores da região, como se estabeleceram no lugar, quais marcos históricos fizeram da região o que ela é hoje, como vivem e se educam as pessoas, como está organizada a sociedade nesta região etc.), e a língua materna pode se comprometer com a apresentação de diversas estruturas narrativas.

Isso não significa compartimentar os conhecimentos, pois em cada uma das disciplinas os temas serão debatidos, mas com olhar voltado para as especificidades da matéria. Por exemplo, nada impede que o professor de geografia traga um conto para discutir aspectos culturais da região. Ou, ainda, que o professor de língua materna possa propor a leitura de um gráfico para compreender a organização social da região para iniciar o trabalho de narrativa. Os gêneros e conteúdos específicos ficam a cargo do professor especialista; porém, é papel de todos retomarem as estruturas e o tema central.

Nessa organização, os alunos das disciplinas geografia e história identificam aspectos socioculturais na vida de crianças e adolescentes latino-americanos, compreendem as relações existentes entre diversas culturas do continente, seus pontos de conflito e de aproximação; identificam e analisam conflitos políticos e sociais que construíram o cenário da região.

A disciplina de ciências aborda a situação em que está a América Latina no tocante à higiene e sanitarismo, discutindo a importância do sistema de tratamento de água e esgoto, as doenças transmissíveis pela falta dos mesmos, cuidados de higiene para prevenção e vacinação.

As outras informações (*rankings*, percentuais) são abordadas pelo professor de matemática, que ensina aos seus alunos análise de gráficos, leitura de porcentagem e proporção. Além disso, professores de artes ficam responsáveis pela exposição e análise de manifestações culturais (pintura, escultura, música) latino-americanos, bem como de seus maiores expoentes (pintores, escultores, músicos), enquanto professores de educação física envolvem seus alunos em atividades que retratam a maneira como o corpo é visto pela cultura latino-americana (vestes, trajes, danças, lutas). Por fim, a disciplina de língua materna aborda inúmeras maneiras de narrar para apresentar uma história com diversas metas (conto infantil, fantástico, de amor, policial, entre outros), além de recursos linguísticos necessários para as outras disciplinas.

> **ATENÇÃO**
>
> *É preciso que cada disciplina elabore um quadro organizador com elementos básicos (Atividade Social, objetivos e conteúdos específicos da matéria, contexto de produção de cada gênero apresentado, recursos linguísticos) nas reuniões de planejamento e integração curricular. Assim, todos os participantes terão a possibilidade de acompanhar o processo na íntegra.*

Dessa maneira, os alunos aprendem a fazer a leitura e a interpretação de mapas, índices, gráficos e legendas, entre outros gêneros, para poder aplicar o conhecimento específico construído nas diferentes disciplinas na elaboração de seu conto e integrá-los em um produto único, porém múltiplo. Esse será o resultado dos esforços compartilhados por todos na atividade.

Vejamos, a seguir, o quadro organizador da atividade para a disciplina Língua Estrangeira:

| | **Atividade Social:** Redigir um conto latino-americano<br><br>(Acompanhamento específico para a disciplina de língua estrangeira) | |
|---|---|
| **Objetivos:** | **Compreensão escrita:**<br><br>1. Identificar e utilizar elementos pertinentes da narrativa curta.<br><br>2. Definir o título, o enredo e a estrutura básica (introdução, conflito, clímax e resolução) do conto.<br><br>3. Analisar criticamente a relevância e os objetivos do título da história.<br><br>**Produção escrita:**<br><br>1. Aplicar recursos linguísticos apropriados em histórias curtas para descrever características pessoais, personalidades, tempo e espaço.<br><br>2. Antecipar vocabulário.<br><br>3. Estabelecer o título, o enredo e a estrutura básica do conto.<br><br>**Compreensão oral:**<br><br>1. Reconhecer e interpretar diferentes tipos de textos orais (trechos de filme, debates e diálogos em aula).<br><br>**Produção oral:**<br><br>1. Apresentar opiniões e pontos de vista referentes à estrutura e preparação do conto.<br><br>2. Comunicar-se oralmente de forma efetiva, experimentando novo vocabulário, estruturas e gramática, aplicando corretamente as regras de pronúncia para descrever e apresentar informações sobre a estrutura e a organização do conto.<br><br>3. Debater e levantar hipóteses sobre o uso de recursos linguísticos.<br><br>4. Compartilhar informações e ideias sobre o tópico do conto.<br><br>5. Defender pontos de vista, apresentando argumentos para sustentá-los.<br><br>**Análise e reflexão de aspectos discursivos**<br><br>1. Identificar e utilizar o passado simples, além do presente perfeito para estabelecimento de fatos.<br><br>2. Identificar e utilizar orações e pronomes relativos (*relative clauses e pronouns*), bem como conjunções e suas características para o encadeamento de ideias na oração. |

| | |
|---|---|
| Contexto de produção: | 1. Quem escreve: escritores, jornalistas, estudantes, interessados em literatura.<br><br>2. Quem lê: interessados em literatura de todas as idades.<br><br>3. (para quem escreve) O que faz: utiliza recursos literários e históricos para apresentar narrativas que contenham cenário da região em questão.<br><br>4. (para quem lê) O que faz: apropria-se de narrativa que identifica aspectos sócio-histórico-culturais da região.<br><br>5. Onde: (para quem escreve) na sala de aula, biblioteca ou estudo de campo; (para quem lê) em qualquer lugar que propicie a leitura.<br><br>6. Quando: (para quem escreve) em um bimestre; (para quem lê|) em qualquer período do ano.<br><br>7. Por que: (para quem escreve) confirmar competência linguístico-discursiva na língua estrangeira; (para quem lê) por prazer ou para descoberta de aspectos sócio-histórico-culturais da região. |
| Gêneros: | Conto, artigos de jornais e revistas, organogramas, mini biografias. |
| **Recursos Linguísticos:** | 1. Passado e presente simples e contínuos (para *background action*).<br><br>2. Presente perfeito para ações inacabadas ou experiências que ainda não foram vividas.<br><br>3. Orações e pronomes relativos.<br><br>4. Conjunções. |

Tendo este quadro como orientador dos trabalhos, é possível dimensionar todos os aspectos referentes à redação do conto, bem como sua pertinência. O aluno poderá não apenas trabalhar com esse aspecto narrativo, mas também unificar os conhecimentos aprendidos em todas as disciplinas participantes, o que lhe proporcionará uma compreensão mais ampla do que significa ser uma criança latino-americana.

O passo seguinte é organizar a sequência em que as atividades são abordadas em aulas de língua estrangeira durante um bimestre letivo. Para tanto, sugerimos a seguinte sequência didática, dividida em semanas:

## 136 *Série* A reflexão e a prática do ensino

| Sequência Didática da Atividade Social "Conto Latino-Americano" ||
|---|---|
| Semana 1 | - Leitura e análise de conto para introdução ao tema. Sugestão: "A Very Old Man with Enormous Wings", de Gabriel Garcia Marquez. Disponível em: <http://sayberklas.tripod.com/anthology_short_stories_in_english/id6.html>.<br><br>- Identificação de elementos básicos do conto (introdução, conflito, clímax e resolução); ver anexo 1.<br><br>- Leitura e debate sobre a vida de crianças na América Latina. Sugestões:<br><br><http://www.time.com/time/world/article/0,8599,1890642,00.html><br><br><http://www.time.com/time/magazine/article/0,9171,958922,00.html><br><br><http://www.newsweek.com/2011/01/16/savings-for-the-poor.html><br><br><http://www.bbc.co.uk/proms/2006/aboutmusic/gardel_grever_popsongs.shtml><br><br><http://www.bbc.co.uk/learningzone/clips/latin-american-rhythms-on-the-quatro/6799.html> |
| Semana 2 | - Observação da construção da narrativa. Sugestão: trailer do filme "A casa dos espíritos", de Isabel Allende. Disponível em:<br><br><http://www.youtube.com/watch?v=eMgSJCWS_mU&playnext=1&list=PLA3A054D9BB0459D9>;<br><br>- Preenchimento de fichas de análise de trailers e de contos (anexos 1 e 2). |
| Semana 3 | - Aspectos linguísticos: introdução de tempos verbais da narrativa no passado (passado e presente perfeito simples). |
| Semana 4 | - Construção do enredo e das personagens. Sugestão: leitura e análise do conto "The Fairy Amoureuse", de Emile Zola. Disponível em: <http://sayberklas.tripod.com/anthology_short_stories_in_english/id26.html); ver anexo 1><br><br>- Leitura de mini biografia de Roald Dahl, famoso escritor de histórias infantis. Disponível em: <http://www.bbc.co.uk/bigtoe/authors/dahl/>. Debater como a biografia influencia a produçã escrita. |
| Semana 5 | - Aspectos linguísticos: introdução de orações e pronomes relativos, bem como de conjunções<br><br>- Aplicação de aspectos linguísticos na elaboração de narrativas curtas. |
| Semana 6 | - Organização do conto a ser escrito pelos alunos (organograma da história); ver Anexo 3. |
| Semana 7 | - Escrita do conto (integração dos conteúdos discutidos, em todas as matérias, materializada n redação). |
| Semana 8 | - Revisão e apresentação do conto. (Sugestão: em formato escrito, em blog ou página pessoal na Internet.) |

Nesta sequência, o trabalho se inicia pela introdução desse gênero narrativo e seus elementos fundamentais. Em seguida, são abordados sua estrutura e seus recursos linguísticos pertinentes à narrativa, finalizando pela organização do conto e sua redação final. Os momentos de avaliação podem acontecer de acordo com o progresso da atividade, partindo de uma avaliação diagnóstica, seguida por avaliações pontuais (leituras, aspectos linguísticos, debates, fichas, entre outras possibilidades) e por uma processual, culminando na redação final do conto.

## 8.3 PARA FINALIZAR

Esta sequência didática pode ser aplicada em qualquer série do ensino fundamental II e no ensino médio, desde que se levem em consideração as características particulares de cada segmento e as dificuldades e complexidades que envolvem as diferentes faixas etárias. O envolvimento de outras disciplinas deve acontecer de acordo com a pertinência dos temas debatidos e a possibilidade de integração de conteúdos. Ou seja, os temas devem ter relação com o que cada professor pretende discutir em seu curso para que a integração se realize e o conhecimento não se fragmente. Não se deve, pois, forçar uma integração por ela mesma, sem uma significância que possibilite aos alunos construir conhecimentos, mas apenas elencá-los. A integração curricular deve acontecer de maneira organizada e natural, sem a obrigação de existir somente para denominar tal trabalho conjunto de professores.

Havendo comprometimento dos participantes em promover educação significativa e reflexiva, em que capacidades linguísticas tenham uma relação direta com o trabalho das disciplinas curriculares, esta proposta pode ser bem-sucedida e o conhecimento, enriquecedor.

## SUGESTÕES DE LEITURA

ALONSO, L. A construção social do currículo: uma abordagem ecológica e práxica. In: **Revista de Educação,** Universidade de Lisboa, Lisboa, V, IX, n. 1, 2000.

BEANE, J. A. (2003). Integração curricular: a essência de uma escola democrática. **Currículo sem Fronteiras,** v.3, n.2, p. 91-110, jul./dez. 2003.

DAMIANOVIC, M. C. C. C. L.; RISÉRIO CORTEZ, A. P. A Atividade Social revista *teen*: parâmetros de planificação para o ensino de língua inglesa. **Congresso Internacional da AFIRSE e V Colóquio Nacional Políticas Educacionais e Práticas Educativas,** 2009, João Pessoa - Paraíba. Políticas Educacionais e Práticas Educativas. João Pessoa : Editora Universitária Universidade Federal da Paraíba, v. 01. p. 1-16, 2009.

FLORES, M. A. Currículo, formação e desenvolvimento profissional. In: PACHECHO, J. A. (org.). **Políticas de integração curricular.** Porto: Porto Editora, 2000.

RISÉRIO CORTEZ, A. P. B. English: Mediational (and possibly revolutionary) tool of knowledge construction in bilingual education. In: Voces y Silencios: Revista Latinoamericana de Educación, v. 1, n. 1, 2010. Disponível em: <http://vocesysilencios. uniandes.edu.co/index.php/vys/article/view/25/24>.

## REFERÊNCIAS BIBLIOGRÁFICAS

BURNS, R. (1995). **Dissolving the boundaries:** planning for curriculum integration in middle and secondary schools. Charleston: Appalachia Education Laboratory, 1999. (Disponível pela Scarecrow Publishing Company).

DAVID, A. M. **As concepções de ensino-aprendizagem do projeto político-pedagógico de uma escola de educação bilíngue.** 2007. Dissertação (Mestrado) – Pontifícia Universidade Católica de São Paulo, São Paulo, 2007.

DRAKE, S. M. **Created integrated curriculum:** proven ways to increase student learning. Thousand Oaks: Corwin Press, 1998.

ERICKSON, H. L. **Stirring the head, heart and soul:** redefining curriculum and instruction. 2. ed. Thousand Oaks: Corwin Press, 2001.

JACOBS, H. H. **Mapping the big picture:** integrating curriculum and assessment. Alexandria: Association for Supervision and Curriculum Development, 1997.

LOPES, A. R. C. Parâmetros curriculares para o ensino médio: quando a integração perde seu potencial crítico. In: LOPES, A. R. C.; MACEDO E. (org.). Disciplinas e integração curricular: história e políticas. Rio de Janeiro: DP&A, 2002. p. 145-176.

MACEDO, E. (org.). Disciplinas e integração curricular: história e políticas. Rio de Janeiro: DP&A, 2002. p. 73-94.

MEANEY, M. C. Argumentação na formação do professor na escola bilíngue. 2009. 149 f. Dissertação (Mestrado) – Pontifícia Universidade Católica de São Paulo, São Paulo 2009.

MOURA, S. de A. Com quantas línguas se faz um país? Concepções e práticas de ensino em uma sala de aula na educação bilíngue. (2009). 141 f. Dissertação (Mestrado) – Faculdade de Educação da Universidade de São Paulo, São Paulo, 2009.

NEWMAN, F.; HOLZMAN. L. Lev Vygotsky: cientista revolucionário. São Paulo: Edições Loyola, 1993.

PAIVA, E. et al. Políticas curriculares no foco das investigações. In: LOPES, A. R. C.; SANTOMÉ, J. T. Globalização e interdisciplinaridade: o currículo integrado. Porto Alegre: Artes Médicas, 1998.

RISÉRIO CORTEZ, A. P. B. A língua inglesa como objeto e instrumento mediador de ensino-aprendizagem em educação bilíngue. 2007. 185 f. Dissertação (Mestrado) – Pontifícia Universidade Católica de São Paulo, São Paulo, 2007.

YOUNG, M. F. D. O currículo do futuro: da "nova sociologia da educação" a uma teoria crítica do aprendizado. Campinas: Papirus, 2000.

## ANEXO 8.1 – FICHA DE ANÁLISE DE (TRECHOS DE) FILMES

1. Título do filme: _____

2. Direção: _____

3. Ano de produção:_____

4. Duração (em minutos): _____

5.  Gênero:

(      ) comédia        (        ) aventura        (        ) romance

(      ) terror          (        ) drama           (        ) animação

(      ) ficção          (        ) documentário

6. Elenco e papéis: _____

_____

_____

7. Tempo e espaço onde a ação acontece (ano, estação do ano, temporada etc.; cidade, país, planeta, casa, fazenda, bairro etc.): _____

_____

_____

_____

8. Enredo:_____

_____

_____

9. Sua opinião pessoal: _____

_____

_____

## ANEXO 8.2 – FICHA DE ANÁLISE DE CONTOS

1. Título: _____

2. Autor: _____

3. Espaço: _____

4. Tempo: _____

5. Número de páginas/parágrafos: _____

6. Conflito: _____

7. Personagens:

   -Protagonista: _____

   -Antagonista: _____

   -Coadjuvantes: _____

8. Enredo:

- Introdução ao problema: _____

- Ação instigadora: _____

- Clímax: _____

- Recolhimento da ação: _____

- Resolução: _____

9. Tema(s): _____

10. Sua opinião pessoal/recomendação: _____

_____

_____

_____

_____

_____

_____

_____

## Anexo 8.3 – Organograma do Conto

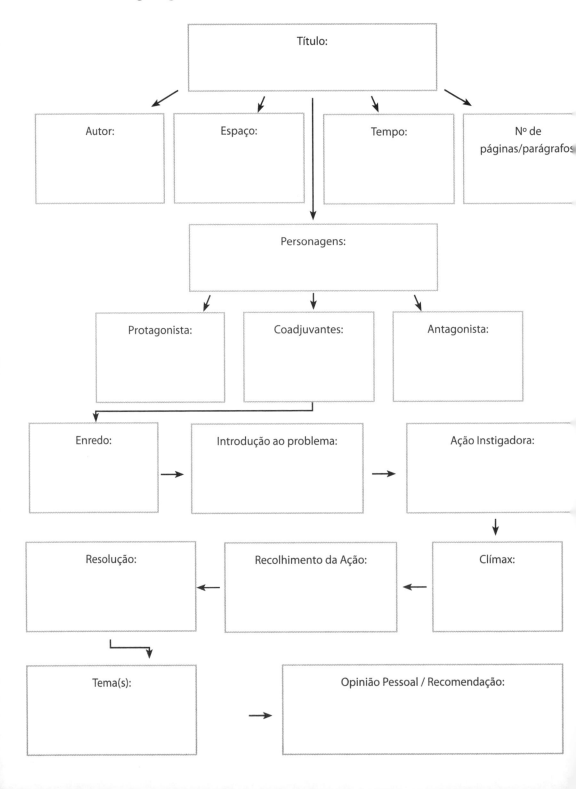

# 9

## Ensino-aprendizagem de língua estrangeira e mediação tecnológica: professores e alunos em relação constitutiva com os gêneros digitais

*Wellington de Oliveira*

O objetivo geral deste texto é discutir o papel de professores e alunos no uso da tecnologia em aulas de língua inglesa, focalizando o desenvolvimento de ações que potencializam o planejamento pedagógico com vistas ao desenvolvimento de habilidades múltiplas referentes ao senso crítico e às capacidades de interpretação e de comunicação essenciais ao ensino de língua inglesa, a partir dos gêneros digitais.

A era da informação e o desenvolvimento das novas tecnologias da informação e da comunicação geraram novas questões e exigem um reposicionamento das perspectivas, no campo da educação, criando novas necessidades na formação dos indivíduos para o século XXI.

Temos no debate geral um consenso de que as tecnologias dominam o nosso quotidiano numa proporção só ultrapassada nos exercícios de imaginação da ficção científica. Entretanto, conforme Morgado (2001), a história do uso da inovação tecnológica no ensino tem se pautado, por sucessivos fracassos, sendo vários os fatores que contribuíram para esse insucesso. Entre eles, a falta de identificação clara dos objetivos da utilização de novas tecnologias, a ênfase dada ao meio e não ao conteúdo e a inevitável resistência à mudança.

Todavia, o que representam novas tecnologias no ensino de inglês? São ferramentas para dificultar o trabalho docente ou para alertá-lo, em relação às mudanças estabelecidas na nova sociedade e que precisam ser conhecidas?

Com base nessas questões, discutirei, neste capítulo, o uso da tecnologia e dos gêneros digitais em aulas de inglês como forma de propiciar interações que nos permitam uma experiência geradora de sentidos e significações que levem ao desenvolvimento de novas configurações subjetivas e a melhores condições de enfrentar as dificuldades com o uso da tecnologia, que surgem ao longo do desenvolvimento de nossa atividade docente.

## 9.1 A TECNOLOGIA NO CONTEXTO DO ENSINO DE INGLÊS

A questão da introdução das tecnologias no ensino de inglês não pode se limitar apenas ao nível de uma mudança tecnológica; está associada também a uma mudança nas concepções dos professores sobre o modo como se aprende, das formas de interação entre quem aprende e quem ensina e do modo como se reflete sobre a natureza do conhecimento linguístico. O processo de uso da tecnologia nas aulas de inglês não consiste apenas em uma questão técnica, antes se configura em redes de mediação que se consolidam num ambiente social envolto por conversações sobre aprendizagem com alunos, professores e pais. A introdução da tecnologia em sala de aula depende de ações como compreender, vivenciar, integrar e reconstruir para proporcionar aos participantes da comunidade educativa oportunidades de feedback, reflexão e interação no uso da tecnologia, em sala de aula, conforme aponto no quadro a seguir.

*Quadro 9.1 – Ações para formação tecnológica da comunidade escolar*

| Ações | Significante das Ações |
| --- | --- |
| Compreender | Propiciar à comunidade escolar condições para entender a tecnologia como uma nova maneira de representar o conhecimento, provocando um redimensionamento dos conceitos já conhecidos e possibilitando a busca e compreensão de novas ideias e valores. |
| Vivenciar | Oportunizar, à comunidade escolar, a vivência de uma experiência que contextualiza o conhecimento construído com a vivência tecnológica. |

| | |
|---|---|
| Integrar | Prover condições para a comunidade escolar construir conhecimento sobre as técnicas computacionais, entender por que e como integrar a tecnologia em sua prática pedagógica e ser capaz de superar barreiras de ordem administrativa e pedagógica. |
| Reconstruir | Criar condições para que a comunidade escolar saiba recontextualizar o que foi aprendido e a experiência vivida durante a formação para a sua realidade, compatibilizando as necessidades dos alunos e os objetivos pedagógicos que se dispõe a atingir para redimensionamento de um currículo real. |

*Fonte: Oliveira, 2009.*

Nessa perspectiva o professor não pode se restringir à passagem de informações sobre o uso pedagógico da tecnologia. Antes, ele necessita oferecer condições para que o aluno construa conhecimento sobre a tecnologia e entenda como integrá-la em sua prática pedagógica. Além disto, seria oportuno que essa formação ocorresse no local de trabalho, utilizando-se de sua própria prática como objeto de reflexão e de aprimoramento, servindo de contexto para a construção de novos conhecimentos.

A incorporação da tecnologia de informação e comunicação (TIC) pela EAD tornou essa modalidade educacional mais complexa em virtude das seguintes características da tecnologia digital: propiciar a interação das pessoas entre si, das pessoas com as informações disponibilizadas e com as tecnologias em uso; ampliar o acesso a informações atualizadas; empregar mecanismos de busca e seleção de informações; permitir o registro de processos e produtos, a recuperação, articulação e reformulação da informação; favorecer a mediação pedagógica em processos síncronos ou assíncronos; criar espaços para a representação do pensamento e a produção de conhecimento. Dentre essas características, merece destaque o registro, em virtude da possibilidade de recuperação instantânea e contínua revisão e reformulação.

Autores como Brahim (2007) apontam que a aula de inglês se configura em um espaço de mudança social e de empoderamento do aluno, com vistas a promover mudanças na escola e na sociedade. Nessa direção, a tecnologia tem o compromisso de dar suporte ao aluno não apenas para que ele assimile os conteúdos trabalhados, mas também para criar possibilidades de ele vir a apreender o processo de produção desse conhecimento.

Não se trata de um ensinar para um fim, e sim de ensinar para apontar direcionamentos para a produção de sentidos situados historicamente, que marcam nos alunos um "lugar social" e que lhes permitem produzir sentidos a partir desse lugar que ocupam. Quando usamos a tecnologia nas aulas de inglês, estamos reproduzindo, produzindo ou transformando sentidos e, mais do que isso, abrindo perspectivas para que os alunos se preparem para os desafios sociais do uso da língua inglesa e da tecnologia, dialogando com a realidade em que vivem, inserindo-se nela como sujeitos criativos.

Com recursos tecnológicos disponíveis atualmente, novas formas de interação entre educadores e alunos emergem e se constituem como possíveis. Penso que o papel desempenhado pelo professor de inglês, no usos das tecnologias, exige uma grande capacidade de adaptação e criatividade diante de novas situações, propostas e atividades, pois, conforme pontua Moran (2006), o professor precisa aprender a trabalhar com diferentes tipos de tecnologias, possuir uma visão mais participativa do processo educacional, estimular a criação de comunidades, a pesquisa em pequenos grupos e a participação individual e coletiva.

Menezes (2008), ao pesquisar a relação entre as aulas de língua inglesa e tecnologia, apontou que os alunos consideravam a tecnologia como um recurso pedagógico útil e, de acordo com a autora, suas opiniões podem facilmente dividir-se em três grandes categorias: a da motivação, a da melhoria das aprendizagens e a dos recursos pedagógicos. Os alunos comentaram que o uso de recursos tecnológicos " no âmbito da motivação: "Torna as aulas diferentes"; "A matéria é menos cansativa"; "Motiva-nos mais". No âmbito da melhoria de aprendizagens: "É uma maneira diferente de aprender e podemos trabalhar em casa"; "Quando escrevemos no blog, temos de pensar primeiro"; "Temos de escrever em Inglês". No que concerne à utilidade dos recursos pedagógicos: "O texto que tivemos de ouvir, acabou por ficar na cabeça"; "Incentivou-me a praticar o Inglês"; "Com os links, consegui tirar algumas dúvidas". (MENEZES, 2008, p. 310)

A tecnologia nas aulas de inglês revela-se assim, como uma possibilidade de ressignificação paradigmática no contexto do ensino, pois ela favorece a interação entre os sujeitos, propicia o diálogo, a troca, a construção coletiva, na qual o professor assume um novo papel no processo de ensino-aprendizagem, não somente de transmissor de conhecimentos, mas assume juntamente com os alunos uma posição de parceria.

Amparado em Liberali (2008), observo que o uso específico da tecnologia, em aulas de inglês, prevê que se pense o gênero digital como forma de organização discursiva das ações dos sujeitos na vida. Assim, o trabalho com o gênero digital precisará levar em conta: os objetivos, o lugar social e os papéis dos participantes, ou seja, seu contexto de produção e circulação. Aborda também as formas como os conteúdos são solicitados na produção e compreensão dos gêneros da atividade.

Considerados os objetivos e formas de organização textual do gênero em foco, parte-se então para as operações linguístico-discursivas, ou seja, os aspectos da língua essenciais à efetiva realização do objetivo da atividade. Com isso, questões referentes às escolhas lexicais, conectivos, escolhas verbais, funções da língua, marcas de avaliação, pontuação ou aspectos fonológicos são considerados em sua relação direta com o contexto do gênero digital em foco e, simultaneamente, extrapolados para contextos mais amplos.

Penso que mobilizar a organização do gênero e os conhecimentos linguístico-discursivos, no uso do inglês, oportuniza para alunos e professores, momentos de pensar, criticamente, a variedade de assuntos, temas, novas ideias e formas de se inserir no cotidiano, inclusive com novos desafios. Professores e alunos podem pensar na aula de inglês, nas atividades desenvolvidas a partir das media tools, e refletir sobre o que aconteceu na aula e nas ações da vida a partir dessa atividade. Podem pensar ainda no significado que lhes deram a adoção de gêneros digitais específicos e na eventual adoção de novos sentidos que surgiram a partir da atividade.

É importante salientar que a ferramenta tecnológica configura-se como um instrumento para que o aluno avance no processo de uso da língua. Professores e alunos constroem porque agem, elaboram perguntas, criticam conteúdos, questionam formas de abordagem, relacionam o conteúdo proposto com outros e com os fenômenos observados no cotidiano, elaboram formas inéditas, sintetizando suas experiências e suas histórias individuais, buscando estabelecer uma relação com a singularidade e, ao mesmo tempo, com a totalidade das coisas.

*O professor não está em uma sala de aula, virtual ou presencial, para exercer seu poder sobre seus interlocutores, mas para ensinar; o que não se pode fazer sem a colaboração do aluno, ou seja, o aluno também tem bastante poder. Esse equilíbrio de forças dá margem a processos de negociação complexos, que oportunizam a formação de atitudes que partem de conhecimentos espontâneos, consolidados da ordem social existente e que, com base na reflexão crítica, (re) constroem condições para o redimensionamento do contexto social em que estão inseridos. (BARROS, 2008)*

É necessário um pensar sobre o uso da tecnologia em sala de aula, pois o aparato tecnológico não concebe por si só o salto qualitativo nos processos de reflexão e desenvolvimento do pensamento crítico colaborativo dos alunos e professores. Esse pensamento só pode ser conquistado por meio de uma visão social da prática, que aponta para o fato de que fazer é "fazer algo" situado em um espaço inter-humano, cujos efeitos concretos afetam a vida social e cultural. Ou seja, o pensamento crítico colaborativo não surge num vazio social, mas estrutura-se em espaço sócio-histórico e representa um conjunto de práticas de produção de significados.

Conforme assevera Lopes (2005, p. 44) o educador necessita reconhecer a criatividade, a diversidade, o acaso, o erro como elementos promotores e essenciais de aprendizagens possíveis. A autonomia é construída por meio do diálogo estabelecido entre homem e meio, conhecimento e prática, um complementando o outro.

Se, por um lado, a postura do professor é de um motivador criativo, no desenvolvimento de um trabalho crítico colaborativo, por outro, cabe ao aluno compreender a importância das construções teóricas, efetuadas no processo, se inteirar delas e, com suas opiniões, auxiliar e incentivar o professor a redimensionar o processo. Por meio desse retorno, o professor avalia se o método aplicado foi eficaz, se despertou interesse do aluno e faz correções, quando necessário, e o aluno, ao explorar o real, descobre limites de pertinência do conhecimento com suas experiências, legando ao professor material para novas discussões, uma vez que segundo Meirieu (1998, p. 65) "(...) os conhecimentos não se constroem sobre a ignorância, mas sim pela reelaboração de representações anteriores sob a pressão de um conflito cognitivo".

Entendo que o que muda nos papéis do professor e do aluno no contexto tecnológico do ensino de inglês, é a relação de espaço, tempo e comunicação. O tempo amplia-se para qualquer momento ou dia da semana, não necessariamente em uma aula, com data e horário determinados. O processo de comunicação ocorre na sala de aula, por e-mail, pelo messenger, nos fóruns ou nos chats, articulando um papel do professor que ministra aulas expositivas com aquele que discute e gerencia a coordenação de resultados. O aluno, por seu turno, necessita compreender esse espaço educacional como de distinção social, calcada na criação de uma capacidade crítico-reflexiva de relacionar suas experiências, construídas em interação com o meio, com aquelas, construídas em aula, socializando-as com os outros, aprendendo a utilizar a troca de experiências como uma forma de integração com o mundo.

Para ambos, a participação necessita garantir o diálogo, de modo que haja uma troca de influências, ideias e permanente atualização das contribuições oferecidas nos cursos como possibilidades de traçar caminhos diversos para compreensão das realidades sociais.

## 9.2 A UTILIZAÇÃO DAS FERRAMENTAS TECNOLÓGICAS NAS AULAS DE LÍNGUA INGLESA: PENSANDO SEQUÊNCIAS DIDÁTICAS A PARTIR DOS GÊNEROS DIGITAIS

Alguns gêneros digitais que podem ser utilizados nas aulas de inglês são o e-mail, o bate-papo virtual em aberto, bate-papo virtual reservado, bate-papo agendado, bate-papo virtual em salas privadas, entrevista com convidado, aula virtual, bate-papo educacional (todos representados pelo chat), videoconferência interativa, lista de discussão, endereço eletrônico, web-blog e podcast.

O que caracteriza esse tipo de gênero é um conjunto de aspectos da funcionalidade, tais como a hipertextualidade, a interatividade e a democratização do acesso, pois qualquer um pode ter acesso aos gêneros digitais. Os gêneros digitais, por sua própria natureza, oferecem maior possibilidade de multimodalidade, podendo integrar texto, imagem, vídeo e som. É claro que alguns aspectos da funcionalidade sofrem restrições ora da tecnologia e ora das instituições, pois, nem sempre, um usuário pode, por exemplo, ver um vídeo, seja por limitações tecnológicas (tipo de equipamento e de acesso à Internet) ou por restrições impostas por quem detém o controle sobre um terminal de computador.

Marcuschi (2004) caracteriza esses gêneros como gêneros virtuais emergentes e observa que eles surgem com o advento da internet, dentro do hipertexto e possibilitam, dentre outras coisas, a comunicação entre duas ou mais pessoas mediadas pelo computador. Isso significa que essa forma de intercâmbio caracteriza-se basicamente pela centralidade da escrita e pela multiplicidade de semioses: imagens, sons, texto escrito.

Cinco aspectos tornam o uso dos gêneros digitais relevante nas aulas de língua inglesa:

1. Seu franco desenvolvimento e um uso cada vez mais generalizado.

2. Suas peculiaridades formais e funcionais, não obstante terem eles contrapartes em gêneros prévios.

3. A possibilidade que oferecem de se reverem conceitos tradicionais, permitindo repensar nossa relação com a oralidade e a escrita.

4. Do ponto de vista dos usos da linguagem, temos uma pontuação minimalista, uma ortografia um tanto bizarra, abundância de siglas e abreviaturas nada convencionais, estruturas frasais pouco ortodoxas e uma escrita semialfabética.

5. Do ponto de vista da natureza enunciativa dessa linguagem, integram-se mais semioses do que usualmente, tendo em vista a natureza do meio.

**Quadro 9.3** – *Gêneros digitais e ensino*

| CANAIS SÍNCRONOS | |
|---|---|
| **Tipo de Ferramenta** | **Breve Definição** |
| CHAT | Chat é um serviço oferecido na Internet onde o usuário pode conversar com várias pessoas ao mesmo tempo. Os canais de chat, também chamados de salas, são divididos geralmente de acordo com o assunto envolvido. Não é necessário nenhum software especial, apenas o mesmo navegador (browser) usado para "surfar". Antes de entrar na sala, a pessoa tem que escolher um apelido (nickname), que é usado para identificá-la no conjunto de pessoas da sala. |
| VIDEOCONFERÊNCIAS | Uma videoconferência consiste em uma discussão em grupo ou pessoa a pessoa na qual os participantes estão em locais diferentes, mas podem ver e ouvir uns aos outros como se estivessem reunidos em um único local, utilizando tecnologia de comunicação à distância, com recursos multimídia (som e vídeo). |
| AUDIOCONFERÊNCIAS | Uma audioconferência consiste em uma discussão em grupo ou pessoa a pessoa na qual os participantes estão em locais diferentes, mas podem ouvir uns aos outros como se estivessem reunidos em um único local. |
| CANAIS ASSÍNCRONOS | |
| E-MAIL (CORREIO ELETRÔNICO) | É de longe a ferramenta de comunicação virtual mais difundida na Internet. Por si só, o e-mail introduziu modos novos de comunicar e negociar. Por seu intermédio, pessoas ao redor do mundo podem compartilhar ideias, discutir problemas comuns e disseminar notícias e informação. |

| | |
|---|---|
| FÓRUM DE DISCUSSÃO | O fórum é um espaço online para discutir assuntos. Funciona da seguinte forma: um tema é proposto e colocado no ar, visível para todos os alunos. Cada um escreve seu comentário e envia para o site ou o provedor de registro. Esses comentários ficarão disponíveis para todos os participantes; portanto, o participante poderá ler não só sua opinião, mas também a de outros alunos, como se estivesse discutindo o assunto em sala de aula. |
| BLOG | O blog ou Webblog é uma página Web atualizada frequentemente, composta por pequenos parágrafos apresentados de forma cronológica. É como uma página de notícias ou um jornal que segue uma linha de tempo com um fato após o outro. O conteúdo e tema dos blogs abrangem uma infinidade de assuntos que vão desde diários, piadas, links, notícias, poesia, ideias, fotografias, enfim, tudo que a imaginação do autor permitir. |

*Fonte: Oliveira, 2009.*

## 9.3 VAMOS PRATICAR OS GÊNEROS DIGITAIS EM AULAS DE LÍNGUA INGLESA?

Para isso é necessário observar que:

1-Cada atividade proposta ocupará em média 06 aulas para o seu desenvolvimento.

2-Cada atividade necessitará de computador com internet e programa específico para o desenvolvimento do gênero digital.

3- Roteiro para organização e avaliação da atividade, que consiste em:

a) Combinar previamente com os alunos as condições para organização da atividade.

b) Baixar e instalar previamente nas máquinas que serão utilizadas os programas para desenvolvimento da atividade.

c) Discutir com os alunos o gênero digital e a proposta de uso deles no projeto específico.

d) Elaborar com os alunos possíveis questionamentos e respostas que podem acontecer no desenvolvimento da atividade.

### Proposta 1

*Tema:* Adjectives, colours and pictures

*Público-Alvo:* 6º ano do ensino fundamental

*Gênero digital:* Scrapbooks

A proposta é pedir ao aluno que construa um webfolio e compartilhe com os colegas da sala. Esse movimento consiste em selecionar o conteúdo pertinente, salvar em arquivo digital e compartilhar com os colegas com uma mensagem para que eles acrescentem cores e figuras que ampliarão a paisagem geral que está sendo construída. Uma variação pode ser cada aluno criar, no seu webfolio, flashcards, com o tema e indicar o link para que outros alunos acessem e estudem o tema a partir da construção do colega. Na criação dos flashcards, o aluno poderá explorar a criatividade e utilizar figuras do cotidiano da classe o que facilitará a compreensão do tema. O site <www.scrapblog.com> apresenta uma ferramenta gratuita que permite aos alunos e aos professores interagir facilmente nessa proposta de criação.

**Proposta 2**

*Tema:* Food and drinks

*Público-alvo:* 9º ano do ensino fundamental

*Gênero Digital:* Webquest

O professor poderá criar uma situação-problema: Raul quer levar seu amigo americano ao shopping para um lanche, mas precisa de ajuda para descobrir qual o tipo de comida que seu amigo mais gosta. Vamos ajudá-lo a descobrir? O aspecto interessante da WQ é o uso de estratégias de metacognição, nas quais o aluno avalia, testa e cria possiblidades conjuntas para respostas, conforme as sugestões do professor. Consulte o site <http://teacherweb.com/wq_home.html> para orientações sobre como montar a webquest. Exemplos para organização da webquest:

| Questions | Answers |
|---|---|
| *What is your favourite food?* | *chocolate bread chicken fruit chips pasta* |

| Questions | Answers |
|---|---|
| *How often do you cook at home?* | *every night never twice a week* |

| Questions | Answers |
|---|---|
| *Do you like cheese?* | *Yes or No? Why?* |

**Proposta 3**

*Tema:* My friends around the world

*Público-alvo:* 9º ano do ensino fundamental

*Gênero Digital:* Sites

Os alunos divididos por equipes com cinco componentes podem ser estimulados a produzir conteúdos com a finalidade de apresentar a outros alunos, ao redor do mundo, aspectos do nosso país, da cidade e do bairro em que vivem. Para isso, cada equipe poderá ter seu próprio site. Com esse intuito, o professor precisará organizar a turma em grupos, designar tópicos diversos, problematizar tais tópicos, roteirizar pesquisas, analisar dados, elaborar textos e levar os estudantes a pensarem nas imagens, links e músicas que permitirão aos colegas melhor interagir com o site. As imagens poderão ser obtidas no banco de dados de imagens em domínio público, como: <http://commons.wikimedia.org>. Para criação dos sites, existem ferramentas disponíveis no Gmail: <www.gmail.com>.

**Proposta 4**

*Tema:* Learning and teaching English

*Público-alvo:* Alunos do 9º ano do ensino fundamental criarão propostas para monitorarem alunos do 6º ano do ensino fundamental

*Gênero digital:* podcast

Os alunos do 9º ano com o auxílio do professor criarão situações interativas e de uso do vocabulário específico e produzirão um arquivo em áudio, produzido em formato MP3, que será apresentada como um programa de rádio para os alunos do 6º ano. As instruções para organização do podcast podem ser encontradas em: <www.podcast1.com.br/i_tudo_sobre_podcasting.php>.

## 9.4 PARA FINALIZAR

A meu ver, uma discussão sobre o papel desempenhado pelos professores e alunos, no uso da tecnologia em aulas de inglês, abre perspectivas para o desenvolvimento de um pensamento a respeito de um processo pedagógico virtual plural, acolhedor da contradição estabelecida no diálogo entre os colaboradores, como forma de avançar coletivamente, comprometido com a transformação, que se operacionaliza no movimento de um processo histórico e social.

O conjunto das articulações que apresento aqui revela que aprender e ensinar, em contexto tecnológico, implica intencionalizar a ação de apoio pedagógico, desenvolvendo ações capazes de concretizar esse apoio. Isso nos remete a pensar que a discussão sobre o papel de professores e alunos constitui uma das formas de apoio para se pensar as relações didáticas, o direcionamento, a transmissão, utilização e articulação da experiência de construção do conhecimento, no uso da tecnologia, que se encontra em permanente reconstrução.

A tecnologia pode ser utilizada como ferramenta de ensino, na sala de aula, em diferentes metodologias, tais como: pesquisas na web, utilização de sites educacionais uso de softwares para comunicação entre diferentes países, elaboração de projetos e fóruns, criação de homepages relacionadas com os conteúdos que estão sendo desenvolvidos com determinada turma, utilização de ambientes virtuais de aprendizagens. Estes aplicativos podem ser utilizados em qualquer disciplina, uma vez que promovem o desenvolvimento do conhecimento e a interação entre os alunos.

Desse modo, o uso da tecnologia, no ensino de inglês, pode levar professores e alunos a novas formas de concepção de linguagem, pois o aluno pode se deparar com costumes e valores de outra cultura e, ao discutir tais aspectos, pode desenvolver a compreensão e o reconhecimento de diferentes maneiras de expressão e comportamento, viabilizando ao ensino a relação íntima entre a língua e a cultura.

## SUGESTÕES DE LEITURA

MORAN, J. M. **O vídeo em sala de aula**. Disponível em: <http://www.eca.usp.br/prof/moran/vidsal.htm>.

REVISTA NOVA ESCOLA. O uso das tecnologias em sala de aula. Disponível em: <http://revistaescola.abril.com.br/avulsas/223_materiacapa_abre.shtml>.

GONÇALVES-CHAVES, G. R. **Leitura, aprendizagem e novas tecnologias:** alguns desafios. Disponível em: <http://www.letras.ufmg.br/atelaeotexto/revistatxt2/leituraaprendizagem.html>.

Silva, M. **Sala de aula interativa**. Rio de Janeiro: Editora Quartec, 2001.

Site para o ensino de inglês: <http://www.inglesonline.com.br>.

## REFERÊNCIAS BIBLIOGRÁFICAS

ALMEIDA, M. E.B. Educação a distância na internet: abordagens e contribuições dos ambientes digitais de aprendizagem. In: **Educação e Pesquisa.** São Paulo: v. 29, n. 2, p. 327-340, jul./ dez. 2003.

BARROS, K. S. M. de; CRESCITELLI, M. F. C. de. Prática docente virtual e polidez na interação. In: MARQUESI, S. C.; ELIAS, V. M. S.; CABRAL, A. L. T. (orgs.) **Interações virtuais:** perspectivas para o ensino de Língua Portuguesa a distância. São Carlos: Editora Claraluz, 2008.

BRAHIM, A. C. de M. **Pedagogia crítica, letramento crítico e leitura crítica.** São Paulo: UFPR, 2007. Disponível em: <http://calvados.c3sl.ufpr.br/ojs2/index.php/revistax/article/view/5376/6513>. Acesso em: jan. 2011.

COLLINS, H.; CELANI, M. A. A. Critical thinking in reflective sessions and in online interactions. In: KANAVILLIL, R. (org.) **Applied linguistics in Latin America.** John Benjamins Pub Co, 2006.

LIBERALI, F. C. **Atividade social:** uma proposta para pensar a relação escola – mundo. São Paulo: 2008. Disponível em: <http://www.sbs.com.br/virtual/etalk/index.asp?cod=1118>. Acesso em: jan. 2011.

LOPES, R. P. Um novo professor: novas funções, novas metáforas. In: ASSMAN, H. (org.) **Redes digitais e metamorfoses do aprender.** Petrópolis: Vozes, 2005.

MARCUSCHI, L. A. Gêneros textuais emergentes no contexto da tecnologia digital. In: MARCUSCHI, L. A.; XAVIER, A. C. (orgs.) **Hipertexto e gêneros digitais.** Rio de Janeiro: Editora Lucerna, 2004.

MEIRIEU, Philippe. **Aprender ... sim, mas como?** 7. ed. Porto Alegre : Artes Médicas, 1998

MENEZES, C. M.; CARDOSO, A. V. Q. de. Utilização de ferramentas e-learning no contexto de uma unidade programática na aula de inglês 9º ano – oBlog. In: CARVALHO, A. A. A. (org.). **Actas do Encontro sobre Web 2.0.** Braga: CIEd.- Portugal, 2008.

MORGADO, Lina, 2001 - O Papel do professor em contextos de ensino online: Problemas e virtualidades. Disponível em <www.univ-ab.pt/~lmorgado/Documentos/tutoria.pdf> Acesso em 26 junho 2010.

MORIN, Edgar. **Os sete saberes necessários à educação do futuro.** 11. ed. São Paulo: Cortez; Brasília, DF: UNESCO, 2006

OLIVEIRA, W. **A colaboração crítica no desenvolvimento de uma atividade de formação de professores a distância.** 2009. Tese (Doutorado em Linguística Aplicada e Estudos da Linguagem) – Pontifícia Universidade Católica de São Paulo, São Paulo, 2009.

OLIVEIRA, W. A atividade de ensino na formação tecnológica: processo de formação de professores e alunos. In: **Dialogia.** São Paulo: Uninove, 2010.

# 10

# Avaliação em língua estrangeira

*Sueli Salles Fidalgo*

A avaliação vivenciada, na maioria das escolas, talvez seja o mais importante instrumento de sustentação do trabalho escolar. Logo, o sucesso do trabalho escolar é validado pelo sistema avaliativo, implementado na escola, e o oposto também é verdadeiro.

São diversos os métodos de avaliação; diversos os nomes dados à prática avaliativa que pode variar desde a tarefa de atribuição de notas – obrigatória e necessária para efeitos burocráticos, administrativos e políticos – à visão de que a avaliação deve estar comprometida com a formação – essencial para a inclusão social de alunos e professores. Seja como for, não é possível negar que a avaliação de ensino-aprendizagem permite-nos tomar decisões que regulem a aprendizagem e o ensino.

## Avaliação somativa:
geralmente ocorre ao final da instrução, com duas finalidades: a de verificar o produto aprendido, ou seja, o que o aluno aprendeu ao longo de um período e a de gerar uma nota para os arquivos administrativos da escola e para a sociedade em geral.

**Avaliação formativa:** é a que objetiva a regulação da aprendizagem. Interessa-se, principalmente pelos procedimentos que levam o aluno a aprender. Opõe-se, assim, à avaliação somativa, preocupada com o controle, com resultados e produtos adquiridos. Também se opõe à avaliação normativa, comprometida com a hierarquização de alunos por seus resultados.

**Avaliação qualitativa:** é definida como "um conjunto de atuações que têm a função de alimentar, sustentar e orientar a intervenção pedagógica" (PCN, 1998, p. 81).

**Avaliação diagnóstica:** é aquela realizada no início de um período letivo com o objetivo de identificar os pontos fracos e fortes do aluno na área a ser estudada.

**Feedback:** é a ação de realimentação. O feedback também pode ser definido como o processo pelo qual são produzidas mudanças em um sistema, procedimento ou programa – mudanças essas que são iniciadas pelas respostas ou reações a esse sistema, procedimento ou programa.

Em seu sentido de atribuição de notas, a avaliação tem comumente sido chamada de somativa. Quando se trata de formação do aluno ou de realinhamento do planejamento por parte do professor, a avaliação tem sido chamada de formativa e qualitativa respectivamente. Há ainda o que chamamos de avaliação diagnóstica – que cumpre os dois últimos papéis citados, mas em um momento letivo "anterior" ao ensino propriamente dito, se é que isso é possível.

No entanto, cada uma dessas visões parece dividir as tarefas avaliativas em pequenas partes e, em termos práticos, muitas vezes, isso leva a uma multiplicação do trabalho do professor. Adoto o termo mediador(a) – já que a avaliação, qualquer que seja a sua natureza ou o instrumento utilizado para realizá-la, deve ter todos os papéis aqui citados, sendo, ao mesmo tempo, um instrumento de ensino e de aprendizagem, ou seja, tendo uma função mediadora desse processo e sendo mediada por ele, sem que, necessariamente, seja realizada em partes pequenas ou em momentos estanques. Portanto, deve ser organizada para ser uma prática que, a uma só vez, permita a reelaboração do planejamento, a autorregulação do aluno quanto ao que aprendeu, a autorregulação do professor quanto ao que ensinou, o feedback de cada uma dessas partes (professor e alunos) para a outra e, ao final do processo, também sirva para gerar uma nota que alimente o sistema administrativo.

É importante ressaltar que a avaliação deve alimentar a prática docente ao longo de todo o ano letivo. É evidente que, se considerarmos a avaliação um momento estanque do ano letivo, não estaremos adotando essa visão avaliativa. No entanto, se considerarmos que a avaliação não é sinônimo de um instrumento isolado ou de um momento e sim parte indissociável do processo de ensino-aprendizagem – logo, está presente em **todos** os momentos do processo – então, será possível compreender sua natureza mais ampla, bem distante do sentido restrito de controle de resultados ou do ainda restrito sentido de diagnosticar para corrigir. A avaliação não tem um caminho único, sem desvios, ou um objetivo certo sem atalhos. Nada no processo de ensino-aprendizagem pode ser tão linear e, ao mesmo tempo, ser inclusivo.

## 10.1 DIFERENTES MOMENTOS LEVAM A DIFERENTES VISÕES

Ao longo dos anos, a avaliação foi concebida de diversas maneiras, quanto à sua função: inicialmente era sinônimo de exames – como o vestibular, por exemplo. Nesse sentido, tinha função de selecionar uns e excluir outros, como todos os exames. Em sala de aula, o instrumento avaliativo visava à reprodução exata dos conteúdos previamente transmitidos e, assim, priorizava o produto ensinado, em vez do processo de ensino-aprendizagem.

Posteriormente, quando a visão acima foi questionada, passou-se a acreditar que só o próprio aluno seria capaz de revelar (avaliar) a própria experiência uma vez que esta só poderia ser conhecida por ele. A avaliação exigia que o aluno fosse capaz de definir e aplicar seus próprios critérios (autorregulação de sua aprendizagem). No entanto, considerando que (1) este aluno não era formado para exercer essa autorregulação com responsabilidade; (2) a escola tradicionalmente deixava ao cargo do professor exercer a função de avaliador; (3) o aluno, muitas vezes, via na autoavaliação uma oportunidade de se autoaprovar; (4) o professor nem sempre sabia conduzir o processo de autoavaliação porque também tinha sido formado em um paradigma conteudista, isto é, formado pelos conteúdos de sua disciplina de estudo; (5) a autoavaliação não era vista como um conteúdo a ser ensinado e vivenciado na escola, mas sim como um momento ainda estanque no processo de ensino-aprendizagem, esta visão foi amplamente questionada por pais, alunos e professores. Dizemos que faltou validade aparente à autoavaliação, principalmente nessa perspectiva mais humanista de avaliar.

Outro momento da avaliação que, como o segundo, se opôs ao primeiro descrito aqui, buscava verificar se o aluno adquiriu amadurecimento cognitivo para a realização de certas tarefas. Em outras palavras, o aluno deveria demonstrar as operações mentais que o levaram a certas respostas; as relações entre as possíveis respostas (ou entre a opção correta e as incorretas) etc. Por ser centrada no aluno, como a segunda visão, também recorria à autoavaliação. Afinal, de que outra forma seríamos capazes de saber quais as operações mentais do aluno. E por se fiar na autoavaliação, foi igualmente criticada.

Hoje em dia, essas visões convivem nas escolas, sendo compreendidas de formas bastante díspares. Em algumas escolas, é possível perceber as três visões – a primeira como justificativa para uma avaliação somativa e as demais como justificativa para um tipo de avaliação formativa. Além disso, convivem com a avaliação realizada como prática social, ou seja uma avaliação que tenha como objetivo a realização de tarefas reais em uma Atividade Social também real (ou que imitaria o real) e que teria a função de mediar o processo de ensino-aprendizagem e ser por ele mediada, como já descrito aqui. A seguir, discuto os pressupostos dessa avaliação.

Validade aparente: é um conceito relativamente tradicional em avaliação – mais utilizado em elaboração de exames ou provas-exames. No entanto, como as provas e os exames são validados pela comunidade que os utiliza (incluindo pais, professores, alunos), a importância da validade aparente não pode ser esquecida. Quando um instrumento, ou mesmo um modelo de avaliação falha porque não é aceito pela comunidade que o utiliza, dizemos que falhou em sua validade aparente.

## 10.2 A AVALIAÇÃO COMO PRÁTICA SOCIAL

A avaliação que se propõe a alimentar a prática do professor e a do aluno, a do ensino e a da aprendizagem, de forma indissociável (ensino-aprendizagem) e dialética, afastaria a prática avaliativa de uma concepção bancária de educação (FREIRE, 1979) e de avaliação (ROMÃO, 1998) nas quais o professor detém total poder sobre as práticas escolares, não porque detém todo o conhecimento que circula nesse ambiente, mas porque somente o seu conhecimento é validado no espaço da sala de aula, sendo o conhecimento do aluno, muitas vezes, rejeitado como parte de seu rótulo de "alguém sem cultura".

Mantenho que, na maioria dos casos, a avaliação praticada na escola – siga o modelo acima que seguir – continua se estabelecendo de forma (1) vertical, de cima para baixo, e (2) parcial porque considera apenas alguns dos saberes veiculados na escola. Como não é possível ao ser humano – um ser **sócio-histórico-cultural** - não ter cultura, dizer que há alunos na escola nessa condição é extremamente excludente porque rejeita qualquer valor, saber, enfim, cultura que não sejam aqueles previamente validados pela escola. Rejeita inclusive os valores de famílias cujas crianças com necessidades especiais frequentam a escola, uma vez que as práticas de sala de aula continuam se pautando em conteúdo e centralizando a ação de ensinar no professor, enquanto a de aprender está no aluno. No entanto, quem teria mais conhecimento sobre a aprendizagem da criança com necessidades especiais do que a própria criança e/ou sua família?

A inclusão da criança no processo de ensino-aprendizagem--avaliação-ensino-aprendizagem-e-assim-por-diante em outra posição que a de recipiente de conteúdos implica sua inclusão como um dos pares mais experientes do processo. Pelo mesmo motivo, a aceitação da família na escola promove a não exclusão porque aceita que o professor possa não ser o único detentor de conhecimento; logo promove uma educação que não seja fragmentada em conteúdos disciplinares (ou seja, da disciplina de inglês, ou de português etc.). Promove, portanto, a queda da visão verticalizada que exclui por princípio.

O conceito de avaliação que defendo aqui é o de uma ferramenta psicológica capaz de: (1) formar indivíduos e (re)construir as concepções que estes têm de si mesmos por meio da relação entre alter-avaliação e autoavaliação; (2) (re)construir, em uma interação mediada por instrumentos – que também são objetos de análise para a construção de novos instrumentos - as con-

> Alter-avaliação: é a avaliação feita por outros. Qualquer processo de avaliação é realizado primeiro por outros, primeiro socialmente. Nenhum aluno aprende a se autoavaliar sem primeiro ouvir o que dizem os outros sobre ele.

cepções que os indivíduos têm dos demais e do que ocorre ao seu redor, como forma, também, de partilhar poder; (3) instaurar um espaço de zona proximal de desenvolvimento (ZPD) no qual todos os pares (mais e menos experientes) interagem e se transformam; (4) modificar (ou mediar) as práticas escolares já que, como discutido pelos que defendem a avaliação qualitativa, essa prática alimenta as ações (planejamento, monitoramento) do professor e, para quem defende a avaliação formativa, esta permite que o aluno tenha uma visão retroativa de sua aprendizagem, aprendendo a monitorá-la e planejá-la e (5) modificar-se a partir de novas práticas escolares (ser por elas mediada). Trata-se de uma avaliação, portanto, que seria mediada pelo processo de ensino-aprendizagem e mediadora deste, tendo, assim, o conceito vygotskiano de mediação como base principal, em um espaço de conflito (ZPD) no qual os conhecimentos seriam partilhados e negociados e o par mais experiente seria qualquer um (mais experiente) em cada uma das situações. Nesse sentido, em uma situação de ensino-aprendizagem de inglês com uma criança surda em escola regular, com professor ouvinte e não falante de LI-BRAS, por exemplo, o par mais experiente sobre como esse aluno aprende e sobre como sua língua se compararia com o português, é o aluno. O professor é o par mais experiente acerca de sua disciplina, mas isso não basta para que haja aprendizagem. É na negociação de saberes que ocorre a aprendizagem. Logo, é também na negociação que deve ocorrer a avaliação (indissociável do processo de ensino-aprendizagem).

Isso vale para qualquer situação em que os saberes sejam diferentes: uma criança disléxica terá mais informação sobre como ela aprende do que o professor de línguas – cuja especialidade é a língua que ele ensina-; uma criança com deficiência visual terá muito a ensinar ao professor sobre a sua perspectiva do processo de ensino-aprendizagem de língua; assim como uma criança cuja primeira língua seja outra – que não o português – terá outras dificuldades para aprender o inglês. Em cada um desses casos, o importante é que os pares mais experientes nem sempre são o professor e o conflito gerado pelas dificuldades será resolvido com negociação entre saberes.

Além disso, a avaliação mediador(a) não ocorreria somente entre professor e aluno, mas entre todos os envolvidos no processo avaliativo. Idealmente, seriam utilizados instrumentos de autoavaliação, avaliação de pares e avaliação pelo professor – o que caracterizaria uma triangulação avaliativa e, mais do que fortalecer as evidências apresentadas à sociedade, ao final do processo, tornaria o aluno mais autônomo quanto ao monitoramento de sua aprendizagem, já que este teria mais oportunidade de aprender a aprender e a justificar e argumentar sobre a sua aprendizagem.

A avaliação, assim pensada, acaba por também atuar na criação de um espaço, no qual a mediação será essencial para resolver os conflitos surgidos, seja com a nota, seja com as representações acerca do que deveria ser internalizado pelo aluno ou mesmo com aquilo que de fato foi apropriado por ele. Na seção seguinte, exemplifico os tipos de instrumentos que são comumente utilizados nos tipos de avaliação citados até aqui e discuto as visões de linguagem e de ensino-aprendizagem que podemos encontrar nesses instrumentos. Discuto também outras formas de utilização dos mesmos instrumentos - já que não é possível acreditar que o instrumento sozinho faz a prática avaliativa. A sua análise como objeto de avaliação e de ensino-aprendizagem muitas vezes possibilita a transformação da prática.

Como dizem Lantolf e Thorne (2006), a avaliação na visão sócio-histórico-cultural segue um modelo em que o futuro vai se construindo; em que métodos de avaliação e ensino-aprendizagem estão integrados de forma dialética como forma de se impulsionarem sempre em direção a um futuro dinâmico, sempre emergente e não em direção a um ponto fixo, um fim em si mesmo. Não há, portanto, respostas prontas, mas há esperanças de que, um dia, os professores possam, cada um, em suas salas de aula, buscar respostas que sejam adequadas às suas realidades.

> **ATENÇÃO**
>
> *É importante lembrar-se de usar uma forma triangulada de avaliação, ou seja, de incluir uma autoavaliação por parte do aluno; uma avaliação de pares e a avaliação do professor. Assim, todos se tornam mais responsáveis pelo processo de ensino-aprendizagem que se estabelece na sala de aula.*

> **ATENÇÃO**
>
> *É importante que haja espaço para negociação sempre. O momento de negociação é, em si, um valioso momento de ensino-aprendizagem por ser um momento de feedback do professor para o aluno e vice-versa.*

## 10.3 EXEMPLOS DE INSTRUMENTOS E PRÁTICAS AVALIATIVAS EM LÍNGUA INGLESA

Em termos linguísticos, o que defendo aqui é uma visão polifônica, dialógica do(s) instrumentos usados em avaliação. A linguagem uma ferramenta utilizada por humanos para agir sobre suas relações consigo mesmos ou com outros de sua cultura é o que permite ao ser humano desenvolver as funções psicológicas superiores: atenção voluntária, memória intencional, planejamento, automonitoramento etc. (VYGTOSKY, 1934), que utiliza para mediar ou regular tais relações – inclusive as de avaliação de ensino-aprendizagem. Logo, é possível afirmar que, se os alunos devem ser conhecedores daquilo que conseguem fazer e planejadores de suas ações futuras para o seu próprio desenvolvimento, é pela linguagem que isso será possível. Vamos analisar alguns

**Quadro 10.1** *instrumento típico da primeira visão de avaliação descrita*

instrumentos pela perspectiva da linguagem que evidenciam.

Read this letter and mark each line right (✓) or wrong (X). If there is a mistake, write the correct form or the missing word. Show where each missing word goes by writing a double slash (//).

| | Tick (✓) or Cross (X) | Correction |
|---|---|---|
| Dear Coe, | ✓ | |
| Hello! My name is Pedro | ✓ | |
| and I am a Spanish. | X | and I am Spanish |
| My teacher give me your name | X | My teacher gave me your name |
| from a list of Korean penfriends. | | |
| I have 14 years old | | |
| and I lives in Madrid. | | |
| Madrid is a very beautiful city | | |
| and it is capital of Spain (…) | | |

De um modo geral, as provas tradicionais são o exemplo mais pertinente para o que chamamos de avaliação bancária, ou seja, provas que enfocam os saberes linguísticos (gramática e vocabulário) isolados ou a repetição. Além disso, para que, de fato, sejam consideradas exemplos do primeiro tipo de avaliação aqui discutido, é preciso que sejam resolvidas (1) isoladamente – uma por aluno; (2) não haja oportunidade posterior para discussão de erros e reelaboração da prova; (3) essa discussão e reelaboração, quando permitida, não seja levada em consideração para a (a) reelaboração do planejamento do professor e/ou (b) para a nota e replanejamento do estudo pelo aluno (Cf. FIDALGO, 2002a, 2002b) .

Em termos linguísticos e de ensino-aprendizagem, o instrumento do Quadro 10.1 também pode ser considerado típico desse movimento avaliativo uma vez que (1) seu foco está exclusivamente na correção linguística; (2) nunca será uma forma de utilização da língua típica da vida real.

Como a prova, o instrumento aqui analisado possibilita a alunos e professores uma medida estanque, um recorte no momento de ensino-aprendizagem, recorte este que normalmente não auxilia os alunos a avaliar seu conhecimento potencial – o que pode ser medido pelas tarefas que o aluno consegue fazer ao receber orientação de um adulto ou ajuda de um par mais experiente. Já que a prova é uma atividade que o aluno, via de regra, completa sozinho, avalia, quando muito, o seu conhecimento real (VYGOTSKY, 1934, p. 110). Não quero dizer, com isso, que seja a organização de alunos em grupos o que determina o nível de preocupação por parte do professor com conhecimento real ou potencial. Mesmo quando os problemas de uma prova são resolvidos em pares ou grupos, se de seu resultado saem apenas notas e não um diagnóstico que possibilite ao professor mais conhecimento de seus alunos – e consequentemente, uma reorganização de suas ações e de seu planejamento - ou revisões de provas, que permitam aos alunos se autoconhecerem, a prática avaliativa terá demonstrado maior preocupação com a medição do conhecimento real. Ora, se esse conhecimento já existe, se é real, qual a função social das provas assim utilizadas que não simplesmente a de hierarquizar, verificar o quanto o aluno é capaz de repetir, de devolver os depósitos feitos?

**Quadro 10.2** – *Instrumento típico da segunda visão de avaliação descrita*

| | | I liked it | | | | |
|---|---|---|---|---|---|---|
| Day | Activity | A lot | | A little | | Not at all |
| | | 5 | 4 | 3 | 2 | 1 |
| 02/03 | Listen to the song, discussing the song | | | | | |
| 09/03 | Grammar and vocabulary work | | | | | |
| 16/03 | Writing | | | | | |
| | Reading | | | | | |
| | Punctuation exercise | | | | | |
| | Assessment exercise | | | | | |

I like it when we... because that is how I learn better...

Como discutido, em Fidalgo (2002a, 2005), tanto o instrumento do Quadro 10.2, quanto os dos Quadros 10.3 e 10.4 se situam em uma tipologia de avaliação que poderia se denominar de "centrada no aluno" uma vez que, de um modo geral, todos têm em comum os seguintes aspectos:

(1) todos são instrumentos de autoavaliação ou de avaliação das atividades propostas para a percepção do aluno sobre a aprendizagem;

(2) todos foram feitos individualmente, embora o instrumento de número 3 exija uma negociação entre professor e aluno – o que já o coloca mais próximo de uma outra visão, mais social, porque negociada – o que exige discussão dos conflitos surgidos a partir de visões diferentes;

(3) todos tinham características de diálogo, com forte uso de pronomes pessoais como iniciadores dos instrumentos, o que trazia o aluno para o centro da análise;

(4) nenhum deles deixa evidente a importância de um contexto para as atividades propostas.

Todavia, são as diferenças entre eles que demonstram o processo de busca que é evidente na área de avaliação. O instrumento de número dois, por exemplo, é um questionário fechado, com escala. Os alunos precisariam avaliar as atividades propostas quanto à sua aplicabilidade para atender às suas necessidades. Esse instrumento pede ao aluno que dê uma opinião acerca das atividades feitas em sala de aula. O aluno tem como tarefa enumerar o que fez (esquematizar as ações e dar uma nota (opinião, avaliação).

Poderíamos questionar a função desse instrumento. Considerando que podemos ter até 45 alunos em uma sala de aula de classe regular, ter a opinião de cada aluno (ou mesmo de grupos de alunos, se o instrumento for utilizado em grupos) não ajudará o professor a planejar suas aulas – pois dificilmente este conseguirá atender a todos; nem tampouco servirá para ajudar o aluno e se automonitorar, uma vez que não há uma discussão dos seus motivos para fazer algo de uma forma ou de outra. O instrumento se baseia apenas no gosto do aluno, sem discussão dos porquês. Além disso, por não elucidar com clareza, e talvez com exemplos, o que se está avaliando; por não situar; não contextualizar aquilo sobre o que o aluno dará sua opinião, o instrumento não oferece ajuda para que aluno e professor vejam o que, de fato, foi trabalhado em sala.

O instrumento de número três, como o primeiro, está centrado no aluno. No entanto, diferentemente do primeiro, não tem o foco no gosto do aluno e sim nas estratégias de ensino-aprendizagem que este pode utilizar para desenvolver o seu conhecimento. Diferentemente do segundo, este é um questionário aberto; não há uma escala avaliativa (no primeiro, a escala é de 1 a 5 e de "*a lot*" a "*not at all!*") No sentido mais tradicional e até administrativo de avaliar, esse instrumento não funcionaria – uma vez que não gera nota; a nota já é dada no final da ficha. No entanto, esse é um instrumento que poderia gerar uma negociação entre professor e aluno acerca do processo de ensino-aprendizagem – o que pode gerar mudanças de postura em ambos e até uma mudança na nota final, dependendo da relação de poder estabelecida. Em outras palavras, se houver negociação entre professor e aluno, acredito que terá havido alguma mudança no processo de ensinar e aprender. Se o instrumento for usado apenas para informar ao aluno as suas notas e/ou para impor uma das visões (seja a do aluno ou a do professor), não terá ocorrido mudança alguma no processo.

**Quadro 10.3** – *Outro instrumento da segunda visão de avaliação descrita*

**Example agenda (please complete your column and return this sheet to me)**
To: Carlos
Assessment interview date: *5th June*

| I would like to talk about: | You would like to talk about: |
|---|---|
| 1. Your handwriting | 1. |
| 2. Your homework | 2. |
| 3. Your test result | 3. |
| 4. Your learning strategies | 4. |
| 5. Your favorite types of activities | 5. |
| **Your last plan said you would look at:** | **Ideas for your next plan:** |
| 1. Your handwriting | 1. |
| 2. The simple past X the present perfect | 2. |
| 3. Speaking English instead of Portuguese in class. | 3. |
| Your results so far this term: | **Test 1** - 6/10; **Homework** - 4/10; **Attendance** - 20/22. |
| Remember to bring any work you want to show me. | |

Um mix dos instrumentos de número 2 e 3, o de número quatro, lista itens – ao invés de deixar que o aluno os selecione e liste a partir de um arcabouço que pode ser bem maior, como uma busca no livro didático, por exemplo. Em outras palavras, o instrumento já seleciona para o aluno o que ele deve ter aprendido. Por outro lado, a avaliação não é do que este gosta de fazer; não se tem o pressuposto de que gostar pode ser sinônimo de aprender – embora o lado afetivo seja essencial para a aprendizagem.

O instrumento de número quatro, no entanto, tem o foco em funções linguísticas: *falar sobre pessoas, datas importantes* é uma maneira de dizer que as formas do passado estão sendo avaliadas, embora em um currículo funcional. Há no instrumento 4, como no 3, um planejamento de ações – o que pode fazer com que a tarefa de ensinar e aprender seja partilhada entre professor e aluno, desde que esse instrumento seja de fato utilizado e validado, ajudando a gerar a nota final. Comumente, encontramos professores que utilizam esses instrumentos como "forma de tornar o aluno mais consciente de sua aprendizagem", mas não como forma de gerar nota. Em uma sociedade em que é a nota que vale para aprovação e é a aprovação que vale – ponto final –, tornar o aluno mais consciente de sua aprendizagem requer muito mais do que simplesmente lhe pedir que preencha um instrumento a cada bimestre.

**Quadro 10.4** – *Instrumento típico da terceira visão de avaliação descrita*

| Marque com um X o que você já consegue fazer: |
| --- |
| **Na comunicação oral** |
| A. (   ) Falar sobre datas importantes (dia/mês e ano em que fatos históricos aconteceram) |
| B. (   ) Falar sobre pessoas famosas. |
| C. (   ) Descobrir o que meus colegas fizeram durante a semana. |
| D. (   ) Falar sobre o que eu fiz durante a semana. |
| **Na comunicação escrita** |
| E. (   ) Extrair informações de textos que leio. |
| F. (   ) Compreender uma programação de eventos (local, datas e horas) |

| O que você poderia fazer para melhorar o que ainda não consegue fazer: |
| --- |
| ( ) Fazer pesquisa de material na biblioteca ou na Internet para estudar semanalmente. |
| ( ) Pedir ao meu professor mais material para ouvir ou ler e mais redações para escrever. |
| ( ) Refazer exercícios nos quais tive dificuldade. |
| ( ) Rever o vocabulário com o qual tive dificuldade. |
| ( ) Procurar utilizar o vocabulário estudado em minhas redações. |
| ( ) Ler livros e revistas. |
| ( ) Assistir a filmes com legenda em inglês ou sem legendas. |
| ( ) Assistir a filmes com legenda em português, mas procurar só usar as legendas em último caso. |

Haveria um instrumento ideal – que não apresentasse os problemas discutidos? Não é possível que tenhamos um único instrumento ideal, se considerarmos que os contextos são tão diversos quanto o número de instrumentos de avaliação possível. No entanto, é possível falar em características ideais de avaliação. Tais características significam que podemos utilizar inclusive alguns dos instrumentos aqui discutidos.

O que me permite classificar alguns instrumentos como típicos de uma avaliação mediador(a) é, em princípio, o fato de haver um forte enfoque na interação e não no conhecimento real, estático, isolado. Em outras palavras, (1) os alunos podem, em algum momento da avaliação (talvez no planejamento) usar o livro didático para ajudá-los ou conversar com algum colega; (2) podem verificar sua compreensão das instruções também com o professor. Uma avaliação oral, por exemplo, é realizada em fases que incluem:

(1) O plano do que vão fazer: a planificação do texto com o preenchimento de instrumentos escritos sobre o que podem falar.

(2) O fazer: a dramatização do texto planificado, inicialmente em duplas. Mais tarde, os últimos instrumentos podem ser dramatizados em tríades, nas quais dois atores são avaliados por um colega que tem fichas com exemplos de língua como suporte para a avaliação.

(3) A negociação: como consequência das avaliações pelo terceiro membro das tríades, há um debate, nos grupos: alunos aceitam ou rejeitam a avaliação dos colegas, sempre justificando seu ponto de vista com exemplos de suas ações.

(4) A revisão escrita seguida de replanejamento (automonitoramento): seguindo-se à interação em grupo e à negociação com o colega, a possibilidade de rever os instrumentos e modificá-los, corrigindo o que escreveram anteriormente.

(5) a negociação de nota com o professor, com base no trabalho feito nas fases anteriores – que deve ter sido acompanhado pelo professor (ou gravado por ele, quando possível).

O processo completo envolve, no entanto, um grande trabalho por parte do professor. Por isso mesmo, não servirá a uma sala de aula que compreenda a função da avaliação como meramente atribuição de nota final ou parcial. É preciso que a avaliação seja considerada, como mencionado anteriormente, em uma visão de "ensinar-aprender-avaliar-ensinar-aprender--e-assim-por-diante".

Por outro lado, vale lembrar que no que tange a questão das provas, sua utilização, o "como" utilizá-las tem o poder de modificar a impressão que as questões deixam. Se, para que os alunos completem o instrumento prova, o professor pedir (1) que trabalhem em grupos, a análise será diferente; (2) se os alunos estiverem envolvidos em sua elaboração, será ainda outra a imagem dessa prova, uma vez que as questões, ainda que de língua *per se*, terão sido validadas pelos alunos de acordo com o que julgam ser sua necessidade; (3) se após a prova, os alunos puderem refazê-la para descobrir o que erraram ou (4) se o(a) professor(a) fizer uma refação em grupo (ou mesmo individual), negociando respostas, explicando suas razões e ouvindo às dos alunos, então, nesse caso, mesmo o instrumento mais tradicional e seco (que é o caso da prova tradicional), tornar-se-á uma ferramenta de ensino-aprendizagem, deixando assim, de ter o seu caráter puramente hierarquizante e normativo, ou seja, deixando de ser avaliação bancária.

## 10.4 PARA FINALIZAR

Em termos mais resumidos, o processo avaliativo deveria:

Ser um processo dialógico – o aluno aprende e ensina (fornece feedback) para a reorganização dos conteúdos ensinados;

Sempre permitir ao aluno mais de uma opção de resposta correta porque a língua não é estanque;

Permitir que as regras sejam utilizadas como aprendidas: como parte da realidade e não como abstrações (não como pedaços de língua – vocabulário e gramática – mas em práticas sociais; não se trata de contextualizar a gramática, mas de ensinar a língua como utilizada na vida real);

Tomar a autoavaliação como um processo argumentativo. O aluno precisa ser capaz de discutir o seu ponto de vista para desenvolver a capacidade e se automonitorar;

Permitir que a autoavaliação seja aprendida a partir da alteravaliação;

Levar em conta que o momento de avaliação é também um momento de aprender e ensinar e não apenas de julgar o que foi aprendido;

Evitar homogeneização. Os instrumentos devem ser elaborados para cada situação (classe de alunos, momento de ensino-aprendizagem, necessidades);

Levar em conta a triangulação avaliativa: as notas geradas para o sistema escolar devem ser resultado de autoavaliações, avaliações de pares e pelo professor.

### SUGESTÕES DE LEITURA

ALVAREZ MÉNDEZ, J. M. **Avaliar para conhecer, examinar para excluir.** Porto Alegre: Artmed, 2002.

BAILEY, K. M. **Learning about language assessment:** dilemmas, decisions and directions. Boston: Newbury House, 1998.

FIDALGO, S.S. A avaliação na escola: um histórico de exclusão social-escolar ou uma proposta sociocultural para a inclusão? In: **Revista Brasileira de Linguística Aplicada.** UFMG: ALAB. v. 6., n. 2. p. 15-32, 2006. Disoponível em: <http://www.letras.ufmg.br/rbla/>.

LUNT, I. A prática da avaliação. In: DANIELS, H. (org). **Vygostky em foco:** pressupostos e desdobramentos. Campinas: Papirus, 1994. p. 219-254.

O'MALLEY, J.M.; VALDEZ PIERCE, L. **Authentic assessment for English language learners:** practical approaches for teachers. USA: Addison-Wesley Publishing Company.

PERRENOUD, P. **Avaliação:** da excelência à regulação das aprendizagens. Entre duas lógicas. Porto Alegre: Artmed, 1999.

ROMERO, T. Reflexões sobre à autoavaliação no processo reflexivo. In: CELANI, M. A. (org). **Professores e formadores em mudança:** Relato de um processo de reflexão e transformação da prática docente. Campinas: Mercado de Letras, 2002.

SHORES, E.; GRACE, C. **Manual de portfólio:** um guia passo a passo para o professor. Porto Alegre: Artmed, 2001

## REFERÊNCIAS BIBLIOGRÁFICAS

BRASIL. Secretaria de Ensino Fundamental. **Parâmetros curriculares nacionais:** terceiro e quarto ciclos do ensino fundamental, língua estrangeira. 1998.

FIDALGO, S. **(Auto-)Avaliação de ensino-aprendizagem:** ferramenta para formação de agentes críticos. 2002. Dissertação (Mestrado) – Pontifícia Universidade Católica de São Paulo, São Paulo, 2002a.

_____. Aprendendo a ensinar(,) a avaliar. In: **Intercâmbio:** *uma publicação de pesquisas em linguística aplicada.* v. XI. São Paulo: PUC-LAEL, 2002b. p. 117-124.

_____. Há que se pensar o ensino-aprendizagem, mas sem negligenciar a avaliação. In: VII Congresso Brasileiro de Lingüística Aplicada. **Anais do VII CBLA.** São Paulo: Associação de Linguística Aplicada do Brasil, publicação em CD, 2005.

FREIRE, P. **Pedagogia do oprimido.** Rio de janeiro: Paz e Terra, 1970.

LANTOLF, J.; THORNE, S. L. **Sociocultural theory and the genesis of second language development.** Oxford: Oxford University Press, 2006, p. 1-26.

ROMÃO, J. E. **Avaliação dialógica:** desafios e perspectivas. São Paulo: Cortez & Instituto Paulo Freire, 1998.

VYGOTSKY, L. S. **A formação social da mente.** (1934). São Paulo: Livraria Martins Fontes, 1984.